北大版中国文化通识教育书系

中国古代哲学

Chinese Ancient Philosophy

陶黎铭　姚　萱　编著

图书在版编目(CIP)数据

中国古代哲学/陶黎铭,姚萱编著. —北京:北京大学出版社,2010.10
(北大版中国文化通识教育书系)
ISBN 978-7-301-17724-2

Ⅰ.中… Ⅱ.①陶…②姚… Ⅲ.①汉语—对外汉语教学—教材②哲学史—中国—古代 Ⅳ.H195.4

中国版本图书馆 CIP 数据核字(2010)第 169185 号

书　　　名:	中国古代哲学
著作责任者:	陶黎铭　姚　萱　编著
责 任 编 辑:	沈　岚
标 准 书 号:	ISBN 978-7-301-17724-2/H·2630
出 版 发 行:	北京大学出版社
地　　　址:	北京市海淀区成府路 205 号　100871
网　　　址:	http://www.pup.cn
电 子 信 箱:	zpup@pup.pku.edu.cn
电　　　话:	邮购部 62752015　发行部 62750672　出版部 62754962
	编辑部 62752028
印 刷 者:	三河市北燕印装有限公司
	730 毫米×980 毫米　16 开本　10.5 印张　170 千字
	2010 年 10 月第 1 版　2020 年 9 月第 2 次印刷
定　　　价:	36.00 元

未经许可,不得以任何方式复制或抄袭本书之部分或全部内容。
版权所有,侵权必究
举报电话: 010-62752024　电子信箱: fd@pup.pku.edu.cn

前　言

　　这是一本介绍中国古代哲学的小书，全书围绕着中国古代哲学的主题，简明扼要地介绍了从先秦诸子到宋明理学之前的具有较大影响的如孔子、孟子、荀子、墨子、老子、庄子、韩非子、孙子、朱熹等众多哲学家的智慧。

　　长期以来，哲学被不少人看成是生活的奢侈品，是社会少数思想精英思维操练的场所，罗马哲学家西塞罗就说，"真正的哲学是满足少数的评判者，它有意地避免群众，因为对于群众，哲学是可厌的、可疑的。"（转引自黑格尔《小逻辑》第24页，商务印书馆）。19世纪的大哲学家黑格尔也说，"哲学著作是找不到群众的，而所找到的只是少数的个人。"（《黑格尔通信百封》第216页，上海人民出版社）应该说这种认识至今并未退隐。消除这一误解，把哲学从哲学家的殿堂里解放出来，让中国古人的智慧成为全人类的共同财富，这是撰写本书的一个基本出发点。

　　要使我们的这一愿望成为现实，要让更多的人接受哲学，哲学就必须改变它的面貌，必须改变它的解读方式。作为一本中国古代哲学的普及读物，我们力求做到以下几个方面：第一，努力提供一个产生中国古代哲学的大文化背景。哲学跳不出它的时代，与对时代背景的认识偏重于对生产力与生产关系矛盾运动的理论叙述不同，本书汲取了历史、考古、文字、神话、民俗、物品等文化领域的研究成果，叙述了有关中国古代地理、经济、家族、神话、科学等方面的一般状况和基本特征。对构成这一背景的各种因素的了解，有助于把握中国哲学的生成方式与发展的方向，把握中国哲学所关心的主要问题。第二，加强趣味性。趣味虽然与人的价值观、审美活动相关，但其本质上是感性的。从趣味性出发，本书的叙述不是把思维与存在何者为第一性这一哲学的基本问题作为主线，也不受制于习惯上的本体论、认识论、道德观的哲学框架，而是选择一些趣味性、显示智慧力量的话题作为阐述的切入点；许多有趣的神话、寓言、成语、故事名言被选入；一些在社会生活中处处可见、人们十分熟悉的物品成了解读、追问哲学概念、命题的阶梯；淡化理论色彩，不对学术争论加以论述，尽可能地调动阅读者的感性活动，以便有效轻松地进入到理解的理性层面。第三，采用跨文化比较的方法，注重文本与读者的语言共享。与常用的哲学家生平加经典文献的叙述方式不同，本书对哲学家的论述避免对文献的大段引用，在不影响哲学家原意的情况下用当今的语言加以改写，删繁就简，突出重点，文字通俗易懂，尽量不使用冷僻的字或词，用一种文本与读者共通、共享的语言，尽可能地把哲学与生活、历史的精神与当下人的思维活动联系起来。

  本书由陶黎铭、姚萱两人合作完成。全书共14章，具体分工如下：1-3、11-14章由陶黎铭撰写，4-10章由姚萱撰写。本书的阅读对象主要是对中国文化尤其是中国古代哲学感兴趣的各类人士，其中包括具有一定中文水平的外国人。深入浅出地介绍中国古代哲学，这是我们的愿望，然而愿望能否实现有待于实践的检验。由于我们学力不足，如有不当之处，敬请各位专家、读者不吝赐教。

  本书的出版得到北京大学出版社的大力支持，书稿完成后，编辑沈岚女士仔细审读全稿，提出了不少很有价值的修改意见，使我们受益匪浅，在此我们深表谢意。

作者

目录

第一篇 绪论 / 01

第一章　中国古代哲学的主要话题 / 01

第二章　中国古代哲学的大背景 / 06

第三章　中国古代哲学家的思维方式 / 15

第二篇 诸子百家 / 22

第四章　孔子　孟子　荀子 / 23

第五章　墨子 / 45

第六章　老子　庄子 / 57

第七章　孙子 / 74

第八章　惠施与公孙龙 / 81

第九章　韩非 / 88

第十章 易经 / 95

第三篇 经学、玄学与理学 / 108

第十一章 董仲舒 / 108

第十二章 王弼、嵇康与郭象 / 119

第十三章 程颐、程颢与朱熹 / 135

第十四章 陆九渊与王阳明 / 149

第一篇　绪论

第一章　中国古代哲学的主要话题

　　中国哲学，是中国文化的核心，中国文化的思想基础，在中国文化整体中起着主导作用，要了解中国的国情，应该包括进行有关中国哲学基本知识的教育。

　　哲学是一个外来词，在中国较早的语言中，并没有哲学这个词。哲学在中国文化中所占的地位，似乎可以相当于基督教在西方文化中的地位。中国没有像基督教那样的宗教，对人格神并不太相信，哲学在很大意义上取代了它们的地位，它并不只归少数人所持有，它的不少基本观念通过各种渠道渗透到社会的各个层面上，不管是皇帝还是百姓，不管是做官的，还是读书的，都受到哲学的支配。儿童入学，也是用哲学作启蒙，像儒家经典《论语》、《孟子》、《大学》、《中庸》，还有后来流传800年的《三字经》，都是儿童的读书教材，其中包含着大量的至理名言，高尚的伦理道德，一整套相当完整的价值规范评判体系。《三字经》[①]的第一段的一句话就是："人之初，性本善。性相近，习相远。"讲的就是对人性的看法，所以哲学也算是中国的一种民俗文化。

[①]《三字经》宋朝王应麟著，学习中华传统文化的儿童启蒙读物，全书共一千多字，三字一句，两字一韵，极易上口，内容包括了中国传统的教育、历史、天文、地理、伦理和道德以及一些民间传说。现有英文、法文等多种译本。

中国古代哲学

　　中国古代哲学讨论的问题很多，宇宙、人的本性是什么、怎样给事物起名字、人的形体与精神的关系问题、有关天理与人欲的道德修养、怎样用阴阳五行来解释天体运行、万物生长、历史演变，都是哲学关心的问题，但贯穿于中国古代哲学全过程的主题可推天人合一。

　　天人合一，讲的是天与人的关系。明确提出这个命题的是16世纪宋代哲学家张载，他在其名著《西铭》中说，天地犹如父母，人与万物都是大地所生，都由气所构成，气的本性也就是人和万物的本性。人民都是我的同胞兄弟，万物都是我的朋友。这种观点，肯定人是自然界的一部分，人与自然界统一于物质性的气。虽然如此，对这个问题的认识可以大大推前，可以说，天与人有关几乎是古代人的常识，而且越古的人越熟悉。宋代哲学家就说天人本来就是一个东西，没有必要说什么"合"，因为"天"字最初造出来时，指的不是头顶上的那片广阔无边的蓝天，而是指人肩膀上的脑袋。《山海经》①记叙的黄帝②砍头的事，把砍头称为"刑"天，这里的"天"讲的就是人头。现在人们把人或动物的头顶骨叫"天灵盖"，前额中央叫"天庭"，都保留了天即人头的含义。《尚书③·洪范》中说："天乃赐禹④洪范九畴，彝伦攸叙。"认为天是保佑民众的，因而把九类大法赐给禹，人伦规范才安排就绪，肯

---

①《山海经》中华民族最古老的奇书之一。它主要记述古代地理、物产、神话、巫术、宗教等，也包括古史、医药、民俗、民族等方面的内容。《山海经》还以流水账方式记载了一些奇怪的事件。"山海经"的作者尚未确定，不少人认为该书是从战国初年到汉代初年，经多人撰写而成的。

② 黄帝是中华民族的始祖，中国远古时期部落联盟首领，三皇五帝之一，因统一中华民族的丰功伟绩而载入史册。他还大力发展生产，创造文字，制造衣帽，建造车船，发明指南车，定算数，制音律等，是中华民族的人文初祖。

③《尚书》原称《书》，到汉代改称《尚书》。《尚书》是我国最古的官方史书，是我国第一部上古历史文件和部分追述古代事迹著作的汇编，它保存了商周特别是西周初期的一些重要史料，用今天的标准来看，它应属一部体例比较完备的公文总集。

④ 禹是中国传说中的贤圣帝王。传说禹治理黄河水灾有功，受舜禅让继承了帝位。禹的儿子启是夏朝的第一位天子。

定了在"天"（神）与人之间有着相通的关系。

所以中国古代思想家不管是儒家、道家还是佛家，一般都反对天与人相互对立，认为天道与人道，自然与人为，天与人是相通的、统一的。由于各派哲学家的观点不同，形成了关于天人合一的不同学说。战国时期，孟子把天道与人性联系起来，他说："尽其心者，知其性也，知其性则知天也。"（《孟子·尽心上》）认为天有善善恶恶之心，人性天赋，善端与生俱有，因而性、天相通。庄子极力主张"无以人灭天"，反对人为，追求一种"天地与我并生，而万物与我为一"（《庄子·齐物论》）的天人合一的精神境界。这种人与自然在本质上是统一的观点，有其深刻的合理性。《易传·文言》提出了著名的"与天地合其德"的精湛的天人合一思想，提出人与自然界要相互适应，相互协调，在自然变化未发生之前加以引导；遵循自然的变化规律、从天而动。需要说明的是，由于天有着多重含义，所以许多人在翻译时有时会觉得无从下手。其实，尽管那些以基督教文化为基础的人也讲天，但与中国人说的天有不同的含义，对天的规定也各不相同，比较词典可以发现，汉语词典几乎就没有诸如"天国、上帝或拟人化的大自然"的释义，表明中国的天就没有西方文化传统中的二元论意义。

由于重天人合一，内圣外王就成了中国古代哲学讨论的一个中心问题。内圣，讲的是人的修养成就；外王，讲的是在社会上的功用。所谓"内圣外王"，出自《庄子·天下》篇，指一个人的内心修养，要向有才德的圣人学习；外又能施行王道。这是知识分子的理想人格。内圣外王的整个过程可以由修身、齐家、治国、平天下的顺序依次递进，被中国历代社会所推崇的理想人物几乎都按这种格式加以塑造。中国哲学就是要讲"内圣外王之道"。借用老子的话来推论，天地常存，是因为它不考虑自身，圣人身存，是因为它不考虑自己。不自私，才能成全自身。根据古人的思维模式，一个国家的秩序是从一个人的内心推出来的，尧①所以能够治天下，与他个人品格直接相关。

这样一来，学哲学不单是要获得这种知识，而且是要养成这种人格。哲学需要体验，需要身体力行，它不单给人以智慧，而且它远远高于智慧。所以，金岳霖②先生认为的中国哲学家都是不同程度的苏格拉底③的见解得到很多人的赞同。苏格拉底是伟大的尽人皆知的希腊哲学家，在他看来，知识就是美德，最高的知识就是善，人必须致力于伟大的道德实践来体现善与知识的结合。同样，中国的哲学家必须将道德、政治、知识、反思的思想统一于自身，知识和德性不可分。他要做的事就是修养自己，把自己的哲学信念在生活中一以贯之，不断地磨练自己，从小事做起，从自我做起，在灵魂深处尝试宇宙与自我的同一。这样，道德实践成了他哲学的组成部分，成了哲学理论正确与否的实在标准，哲学也不是为人类认识而摆设的观念模式。所以几千年来的中国哲学具有实践的传统，儒家讲道德实践，道家讲修道的功夫，佛家讲修行以摆脱烦恼。这使中西哲学有很大差别。中国哲学认为，哲学有双重目标，学问要做得好，做人也要做得好，一个人做人做不好，他的学问永远不会达到理想的境界。而西方哲学所信奉的与此完全不同，像19世纪德国哲学家亚瑟·叔本华④的观点就很明确，如果要哲学家严格遵守自己所宣传的东西，那实在是太愚蠢了。所以当世人批评叔本华，说他一方面提出悲观哲学，把禁欲作为解脱痛苦的唯一途径，而生活中自己却反其道而行之时，他是很不以为然的。

---

① 中国古代传说中的上古的圣王，传说他把帝位禅让给了自己的部下舜。

② 金岳霖（1895—1984）　中国20世纪著名的哲学家和逻辑学家，杰出的教育家，为中国第一批院士。1954年被选为中国科学院哲学社会科学部学部委员，1979年被选为中国逻辑学会会长。

③ 苏格拉底（socrates，公元前469—前399）　古希腊哲学家，他和他的学生柏拉图及柏拉图的学生亚里士多德被并称为"希腊三贤"。被奴隶主以传播异说，毒害青年等罪名逮捕，后被处死。

④ 亚瑟·叔本华（Arthur Schopenhauer，1788—1860）　德国哲学家。他将悲观主义和意志论联系在一起，认为意志的支配最终只能导致虚无和痛苦。他的哲学对20世纪西方哲学产生了较大影响。

柏拉图①认为哲学起源于人类的第一声惊叹。宇宙的奥秘，造物主的神奇使人惊叹不已，人类受好奇心的驱使去研究宇宙的本质。由于西方哲学探索的是外在知识，所以两千年来它们研究的是概念方法问题，他们把哲学兴趣作为穷追不舍的动力，像伊曼努尔·康德②一样，一辈子都在课堂和书房之间活动，为哲学而哲学，为学问而学问。而中国哲学则起源于忧患，它是对现实人生的思考。中国古代自夏商周直到春秋战国，连绵的战场、变动的政治，使哲学家把政治、社会、人生作为第一问题来思考。所谓"知人曰哲"，表明我们的哲学是一种关于理解人际关系、明白人性本原，解决人生问题的学问。中国哲学注重的是道德伦理的问题，他们把哲学当作一种经国济民，解脱人生痛苦的智慧。孔孟、老庄、荀韩，还有主张"兴天下之利"的墨家都是救世的，中国的哲学完全离不开人生。

中国哲学讲"为学日益，为道日损"，意思是说，从事学习的人知识一天天增多，从事于道的人情欲一天天减少。这实际上是两种相反的学习功夫，为学形成的是经验知识，出门要多看多听，为道则要减少，融化已有的杂知博识，最好是关起门来，往外走得越远，对道的知识越少。所以中国哲学比较忽视对认识论、宇宙的探讨，忽视对具体知识的追求。

思考题

1. 为什么说天人合一是中国古代哲学的主要话题？
2. 简叙内圣外王的主要内容。

---

① 柏拉图　约公元前427—前347，古希腊哲学家，他和老师苏格拉底、学生亚里士多德并称为古希腊三大哲学家。他一生写下了许多哲学的对话录，《理想国》是柏拉图的一本重要著作。

② 伊曼努尔·康德（Immanuel Kant，1724—1804）德国哲学家、天文学家、星云说的创立者之一、德国古典哲学的创始人，被认为是对现代欧洲最具影响力的思想家之一，也是启蒙运动最后一位主要哲学家。

中国古代哲学

第二章 中国古代哲学的大背景

哲学是时代的产物，它只能满足于它所属时代的要求与兴趣。学习中国哲学，必须了解中国哲学赖以生存的大环境，了解构成这一环境的各种因素，了解这些因素与中国哲学生成、发展关系的方式、方向。中国哲学所关心的问题与此相关。

一、中华民族的地理背景

法国哲学家孟德斯鸠①曾提出地理环境、气候条件可以决定人的性格。孔子也说，聪明的人喜欢水，仁爱的人喜欢山，聪明的人喜欢动，仁爱的人喜欢静，聪明的人经常快乐，仁爱的人长寿。这表明，东西方学者均看到地理环境的作用，看到人与自然条件的某种关系。中国是一个多山的国家，山地与高原占有及其广阔的面积。如果以海拔500米为尺度，500米以上的地区占全国总面积的84％，500米以下只有16％。而且中国有较易于隔离的地理环境，浩瀚的大海、寒冷的西伯利亚、一望无际的戈壁沙漠与连绵的高山，包围了产生华夏文明的地域，在古代交通不发达的情况下，这种地理环境使中国与外部世界处于一种半隔绝的状态，在一定程度上制约着文化圈的范围与规模，

---

① 孟德斯鸠（Montesquieu，1689—1755） 法国伟大的启蒙思想家、法学家，资产阶级国家学说和法学理论的奠基者。

影响着中国社会精神生成与物质生成的方式与节奏，形成的是独特的与西方哲学截然不同的思想文化。大约成书于战国时期这一中国最早的地理学著作《禹贡》[①]，从各种地理现象中抽取了某些要素作为区域分类的标志，以河流、山川和大海为天然界线，把中国人把自己生活的世界划分为九个州，并称之为天下，按照这一学说，以后诸子百家都关心如何建立大一统的国家。大一统观念在古人那里根深蒂固。

海洋是传播语言与文化的重要媒介。蓝色的海洋使希腊的文化广采博收。尽管中国东临渤海、黄海和东海，东南濒临南海，领海海域宽广，沿海岛屿众多，海岸线长度为32000公里，其中大陆海岸线为18000公里，岛屿海岸线为14000公里。但中国从孔子的时代到上世纪末，几乎没有一个思想家去公海冒过险，古人似乎对海洋有一种半是恐惧、半是神秘的感觉。有一个古代传说叫精卫填海，说的是炎帝的女儿去东海游玩，被忽然掀起的波浪淹死了，她的灵魂化作鸟叫精卫，经常衔西山的木石去填东海。这个神话可能象征着某次海上旅行的失败，给人们产生了精神压力。这在一定程度上可以解释古人在相当长的一段时期内，人们的生活与海没有直接关系的原因。

可以说，古人具有的世界中心意识，与中国独特的地理环境及由此形成的地理观有关。高山大海阻断了中国古代文明与世界的关联，使中国文化走向了独立自生的道路。

二、经济背景

中国是大陆国家，中国文化是在一种世界上最复杂、最成功的农业经济的前提下出现的。在农业国，土地是财富的根本基础，所以贯

[①] 《禹贡》是《尚书》中的一篇，作者不详，属于地志体裁，全文1193字，是先秦最富于科学性的地理记载。

穿在中国历史中，社会、经济的思想和政策的中心总是围绕着土地的利用和分配而展开的。

在中国哲学家的社会经济思想中，存在着"本"、"末"之分。本指农业，末指商业，农业的主要内容是生产，商业的主要内容是交换，在农业国家中，农业是国民生产的主要形式，所以贯穿在中国历史的理论与政策的核心是"重本轻末"。商人被视为一个无足轻重的阶层，并且"商"常常与"奸"联在一起，有"无奸不商"、"无商不奸"之说。中国的封建统治者很早就看到农业经济对人的制约，把百姓致力于农业看做是治理国家的首要选择，是教化人民的根本。大概从商鞅变法①起，从事工商业的人地位开始降低。那时理论上的说法也很多，例如韩非把工商业者看作蠹虫，荀子说工商众则国贫，晁错②提出"贵五谷而贱金玉"等。公元前三世纪有一本书影响很大叫《吕氏春秋》，它对比了两种人即农与商的生活方式，农民思想纯朴、容易役使，举止持重，由于家庭财物重杂，难以搬动，就十分害怕搬家，即使大难临头，也不轻易离开家乡。商人的财产比较简单，又轻又精，随时可以迁移，一旦国家有难，常常逃往国外，他们喜欢玩弄计谋，行为诡诈多变，很会混淆是非，巧妙钻法令的空子。显然，作者是在经济背景与人们生活方式的相互关系中来考虑问题的。

由于古代中国人口的相对集中和土地的相对贫乏，使大量的劳力集中在小农庄，出现了所谓的精耕细作的生产方式，这对中国人天人关系观念的形成及其特色，对各种意识的生成和延续，都有着不可忽

---

① 商鞅变法　商鞅（约公元前390—前338），卫国（今河南安阳市一带）人，战国时期政治家，著名法家代表人物。在位执政十九年，于公元前356年在秦国实施改革，对战国末年秦国的崛起发挥了重要的作用，史称商鞅变法。

② 晁错（公元前200—前154）年轻时学法家学说，是献身于汉帝国大业的政治家，曾多次上书主张加强中央集权、削减诸侯封地、重农贵粟，后被景帝错杀。

视的影响。它所具有的规律性与稳定性，使人们注重与顺应自然节奏，以农业为立身之本，容易形成重视亲情，安土乐天的生活情趣，老子所向往的"小国寡民"、孟子所追求的"五亩之宅"的生活理想，都与中国的这种生产方式有关。

在《吕氏春秋》成书的时代，有一个新的阶层已悄然形成，这就是具有相对独立思想空间的中国士大夫阶层，他们通常是介于贵族与庶民之间的知识分子。长期以来他们对宇宙、对生活形成了本质上代表农的看法。教育使他们把实际耕种的"农"所感受的而自己又不会表达的东西表达出来，构成了中国哲学的主要内容。象农谚"寒往暑来，暑往寒来，日盈则昃，月盈则食"，体现了把时间看成是圆形的、循环的，而不是直线的时间观念。外国学者认为，可能没有一个农业社会能像中国那样，根据农民的生活，确立关于人在世界中的地位，这种观念而且会那么合乎逻辑和那么协调一致。

三、中国的家族背景

农业社会总是与宗法制相连的，宗法在我国古代社会中曾有相当重要的作用，它是建立在宗族制度的基础上的。所谓宗族，就是具有一定血缘关系的近亲家族群。一个宗族不仅具有共同的姓氏，而且父权是宗族的核心，我国关于宗族的最早记载见于商代后期的甲骨文。中国古代的士、农以土地为生，土地把一家几代人圈在一个地方，一起生活，从而发展起来了中国家族制度。家族是由几个具有亲近的血缘关系的家庭组成的，它使每一个人都归属于特定的族，每一个人的地位与作用都按族内纵横交错的情况而定。中国人的地域观念非常强烈，彼此之间的关系也非常紧密。新家庭建立时，他们总是将房子盖在离老家最近的地方，所以常常会发现四世同堂甚或五世同堂的情况，甚至整个村庄都是由同姓的人组成。自进入文明时代以来，中国古代的家族一直以父系的血缘来连接，几个同一男性的祖先的家族又组成宗族，家族与宗族密不可分。这样就发展了祖先崇拜，形成了庞大复杂的组织，它们被认为是世界上最复杂，组织得相当好的制度之一。宗法制度的精髓就是强调亲疏有别、尊卑有别、嫡庶有别。像嫡庶之别就规定了嫡长子的优先继承权。"嫡"字从帝声。甲骨文中的"帝"是祭祀天帝时束柴的形状，后引申为天帝这一概念。商周二朝的王都自称是天帝的长子，其后代也称自己的父王为帝，因此帝便带有正统的意义。后世嫡字的意义也由此而来。区分嫡庶对维护宗法社会的秩序极其重要，各宗族都要奉正嫡为首领。家族中也遵循父统子、兄统弟、嫡统庶的原则。

这种家族制度是一定经济条件的产物，它渗透到古代社会生活的方方面面，是中国古代社会家族关系的一个主要内容。古代人最初从个人内心出发，进而延伸到家族内按血缘亲疏形成人际秩序，然后再建立国家的秩序。像"国家"、"家天下"这类词汇都留有家族观念的痕迹。所谓的家国同构，实际上就是宗主与君王的合一，它使宗法关系与政治关系紧密地联系在一起，通俗地说，就是在家讲孝，对国家讲忠，孝是每一个家庭成员的义务，是衡量善恶的标准；忠是每个臣民的职责，是衡量是否称职的标准。儒家学说就是要对家族制度的合理性在理论上加以证明，儒家的天人合一，儒家所强调的道德规范，就是依据个人与族类，自我与社会的融通性形成的。可以说，在儒家那里，几乎所有的社会关系都是家庭式的，即使在构成人伦关系中那最基本的其他两个非亲属关系即朋友与君臣，基本上也是按照兄弟、父子的家庭关系这种模式来确定的。

四、神话

古代的中国、印度、希腊都有着丰富的神话，但中国的神话留下的只是些零星的片断，缺乏系统性、条理化，其中的一个主要原因就是神话转化成了历史。神话转化成历史这个工作主要是由儒家进行的，为了宣传自己的学说，他们对神进行人化，对神话传说加以理解性的注释，使神话变成了历史。当神话作出的科学预言变成现实时，神话就会无影无踪，同样，神话一成为历史，一写入简册，本来的神话也就面目全非。人们只相信记载的历史，传统的神话就日渐消亡。这方面的例子很多，传说中的黄帝有四张脸，孔子的解释是黄帝派遣四个人去分治四方。在《山海经》里说是一只足的怪兽，到了《书·尧典》那里，却成了舜的乐官。对"一只足"的解释，孔子认为是"像这样的人，一个也就足够了"。神话转化成历史的工作至少一直延续到宋代。

神话虽然是一种虚构，但在解决神仙下地，凡人上天的过程中，事实与虚构并没有明确的界限，它用神话的形式体现了一定时代的具有现实意义的社会意识。中国古代哲学家保存了许多神话片断，《庄子·逍遥游》中关于鲲鹏之变有这样一段描写，北方的大海里有一条鱼，它的名字叫做鲲。鲲的体积很大，后来变成为鸟，它的名字叫鹏。鹏的脊背说不清有几千里长；当它奋起而飞的时候，那展开的双翅就像天边的云。这只鹏鸟，随着海上汹涌的波涛迁徙到南方的大海。鹏鸟迁徙时翅膀拍击水面激起了三千里的波涛，海面上急骤的狂风盘旋向上直冲九万里高空，整个迁徙用了六个月的时间方才停歇下来。这段描写，很多人将其当成是个寓言，实际上却是相当古老的神话。可以说，在先秦典籍中，除了不信鬼神的孔子以及其弟子所汇编的《论语》里实在找不出什么以外，其他如《墨子》、《庄子》、《韩非子》、《吕氏春秋》、《淮南子》[①]……都可以找出不少，就连《孟子》、《荀子》那里也有一些古代传说的片段、神话得到保存，

[①]《淮南子》西汉初年淮南王刘安及门客李尚、苏飞、伍被等编著。该书以道家思想为指导，融会百家学说，是战国至汉初黄老之学的代表作。

它们明显与哲学家想表达的观念有关。如果仔细地寻根究底，可以看到，中国古代神话为古代哲学提供了丰富的材料，先秦时代讨论的天命，就可以上溯到上古神话中的上帝。事实上，在历史化过程中的神话的不同形态差异，表达了不同时代思维方式和中心议题的转变。

五、中国古代科学的大观念

曾有人认为中国古代无科学，这难以说服人。如果真是这样，英国科学家李约瑟博士就写不出厚厚的多卷本《中国科学技术发展史》，他就不会说中国在公元3—13世纪保持着一个西方所望尘莫及的科学知识水平。

当然，中国古代的科学技术，就其发展的道路、处理与解决问题的方法，以至所包含的内容而言，与古印度、古希腊以及中世纪阿拉伯国家相比，中国古代科学自成一体，有着鲜明的特点。首先是整体性。在中国延续两千多年，不断得到充实提高的中医学在世界上是很有名的。中医学以腑脏、经络、气血、津液作为生理病理学的基本内容，用望、闻、问、切即四诊进行诊断，以酸、甘、苦、辛、咸五味为特征的药物学，以经络、俞穴为主要内容的针灸学，以阴阳五行说来说明人体的生理现象、病理变化……所有这些结合起来，形成了一个统一的整体观念，而不是简单地"头痛医头，脚痛医脚"。这或许可以解释为什么古希腊解剖学看到的是人体的骨骼、肌肉、血液，而中医学关心的则是经络与穴位。根据这一观念，就有了天人相应说、心神统一说、模糊法。一个人生了病，不能光从人的机体内部找原因，还要与容纳人的整个自然界联系起来，天文、气候、地理、历法与医学都有关系。有本事的医生是"上知天文，下知地理，中知人事"。根据这一理论，保养身体因季节不同而各有侧重，治疗要注意疾病的有形表现，还要注意人的精神因素，中医诊断，缺乏明确的定量标准。依据的是一群模糊信息，"通则不痛，不通则痛"几乎成了

第一篇　绪论

人们病理解释的常识。因此，我们在某种程度上可以把中医看做是神医。其次是它注重实用。古代的中国与希腊数学都很发达，当欧几里德把收集而来的许多分散自明的定理整理成系统的纯粹形式的几何学时，中国的数学体系则表现了以计算、解决实际问题见长的特色，其中最早的代表作《九章算术》集战国秦汉数学成就之大成，把计算田亩面积、仓窖沟堤体积、交易、税收、编制历法等为主要内容，把算筹为主要计算工具，形成了包括算术、代数、几何等在内的数学知识体系。当古希腊人在研究什么是宇宙的中心、天体运动轨迹的几何模式时，中国的天文学却相当高明地计算天体位置，由天体测算以及推算出来的各种天文数据和日、月、五星等运动的表格，成了古代历法的重要内容，如战国中期齐人甘德与石申所撰的《甘石星经》，精密记录了120颗恒星至黄道的距离，及其离北极的度数，是世界上最古的恒星表。当古希腊地理学在探索地球情况时，中国古代地理学体系，建立了为适应封建统治需要，含有自然地理与人文地理的疆域地理志或沿革地理志，并有附记的山川、道路、物产等，地理学知识与封建国家的政治事务如收税、行政、经济发展、军事功防密切相关。第三个特点是注重经验，这与注重实用有关。中国的医卜星相还有炼丹，都是实用性的经验科学传统体现。中国第一部医学经典《黄帝内经》将人体从头到脚，里里外外，将器官作了测量，肠子、血管、骨骼都有确切的长度。但中国古代在理论与实际的结合上缺乏深度，当外国传教士把哥白尼、托勒密、第谷布拉赫的天文学理论及争论介绍到中国时，中国的天文学家就不太感兴趣。当然不能说中国古代的科学技术没有理论，因为事实上科学技术的任何发展如果没有理论是不可想象的，只是理论在大多数情况下寓于实际之中，它没有被抽象出来形成独立的或系统的理论。像墨家的物理学和数学就具有明显的理论特征，只是由于"务实"传统的影响，未能得到发展。可以说，中国古代不断演进的科学知识的结构与兴趣，充实着哲学的内涵，帮助人们

中国古代哲学

去体验与理解不同的哲学取向。如果我们对数学、医学等方面的著作给予足够的注意，把网撒得更开一些，我们对哲学的看法与结论可能就有所不同。

❋ 思考题

1. 怎样理解哲学是时代的产物？
2. 分别考察中国古代哲学与中国经济、地理环境、宗法制度等诸方面的联系。

第三章 中国古代哲学家的思维方式

外国人学中国哲学会碰到不少困难，这主要是由不同的思维方式引起的。

谈思维方式首先碰到的就是语言。因为语言是哲学的载体，哲学必须借助语言得以表达。我们可以说，语言是思想交流的工具，也可以说语言是障碍思想交流的工具。现代哲学把语言作为哲学研究一大课题，很大程度上看到了语言误用所造成的思想混乱。外国人不读哲学原著很难学好中国哲学，不理解语言，也就很难读懂一本书。

中文与众不同，当外国人学哲学时说语言困难，主要不是在方言的意义上说的。100年前一个美国传教士就谈到，"对于一个想真正了解和研究中国的人来说，他会发现语言的障碍比跨越万里长城还要困难得多。①"西方的知识教育可以使人直接深入想要探讨的主题，可以完全说出人们所想说的话。然而，一个中文精熟的外国人，能听懂每个句子，并写在纸上，但他却很可能无法准确地理解说话者的思想。因为说话者并没有说出他真正想说的东西。这种词不达意的情况，与中国文字的特性有关。

作为不受欧洲影响，与欧洲没有实际关系的中国文明，开拓了完全不同于印欧语言的中国语言。与以表音性为根基的西方拼音文字不

---

① 《真正的中国佬》，[美]何天爵著，鞠方安译，光明日报出版社1998年9月，第36页。

同,汉字以象形字为基础,它依照物体的轮廓,用弯曲的线条画出形状,以形状表达意思。心理学研究证明,表意文字与汉字字形对字义的影响,大于字音对字义的影响,字形所产生的联想作用,比字音的作用要大得多,在相同情况下,它具有更丰富、更多样、更具体、更浓缩、更微妙的信息。信息可以是多向的,发散性的,"学而优则仕"被很多人理解成书读得好可以做官。但实际意思是说,读书如果还有多余的时间,可以去做官,望字生义,很容易使人上当。所以有的日本人就认为,汉字本身就是一种集成电路。研究还证明,表音文字的阅读主要与人脑的左半球相关,表意文字则需要人脑的二半球共同参与才能实现,这种差异带来的困难,没有亲身实践是很难想象的。

汉字不仅信息量大,而且字的用法、词性使外国人捉摸不透。英文词意的变化靠的是词形或语法的变化来表示,汉字则一词多性,同一个字"红",可以做形容词,如红色、红旗等;也可以做动词,如红透了,红得发紫等。同一个"气"字,在句子"脸色气得发白"中属于动词,在"今天秋高气爽"中属于名词。古时代的中国人喜欢在一个需要相互依靠的观念的语境中思维,他们往往对不同符号之间的相互关系有兴趣,注重主客体的相互交流,而不关心符号自身是否具有实在的意义,缺少那种受逻辑支配的话语。仁是孔子思想的核心,《论语》中讲仁的地方相当多,有人作了统计,该字一共出现了110次,但他并没有直截了当地给"仁"这个概念下定义,而只是就不同的对象,在不同的场合对仁作不同的解读,如"约束自身使自己的行为合乎礼,就是仁","孝顺老人,敬爱兄长是实行仁的根本","刚强、果敢、朴实、谨慎接近于仁",甚至说话不啰嗦也是仁。"仁"这个意思,至少有不下于20种的说法。对中国人来说,理解句子语用显得特别重要。由此可以联想到古文阅读讲的断句法。中国古书原来是没有标点符号的,通读时根据文义作停顿,或同时在书上按停顿加圆圈或点，作为句读（dòu）的记号。今天我们看到的哲学著作，实际上已经由前人根据自身的理解加以改造而成的。古代文学家韩愈就认为，如果不知道怎样读句子，就不可能解除困惑，断句不同，意义也就不一样。历史上比较有名的句子"子曰民可使由之不可使知之"，出自《论语·泰伯》，这句话没头没尾，历史上争议很多，原因就在于有不同的句读法，其中两种，一，民可使由之，不可使知之。大意是民众可以让他们照着我们的指引走，不可以让他们知道为什么。二，民可，使由之；不可，使知之。大意是民众如果理解统治者政策，就让他们去执行；如果不理解，就让他们知道后再去执行。它们的意思截然相反。这当然是比较典型的了。其实即使我们读当代文章，如果停顿、重音、语速发生变化，意义可能会截然不同，不了解汉字的这一特性，那就会使跨文化交际产生误解，产生令人烦恼的困惑。

　　读中国哲学著作，很多人喜欢读后人特别是同时代人翻译的白话文，这当然是一条阅读经典的捷径。但应该引起注意的是，一种译文，只是一种解释，在理解经典时，原先就存在的知识结构，参与或指导译文的生成，在他作出创造性劳动的时候，总会有所取舍，丢掉译者并不在意的许多内容，因而不可避免地带有历史的局限性。所以许多大学问家在研究某一哲学家时，常常尽可能地把所能收集到的原著的译本结合起来进行研究，以显示原著的丰富内容。但这样做恐怕还是不够的，译本无论多好，译文毕竟是译文，它可以有助于我们理解原著，但不能代替对原著的理解。哲学上的许多争论，常常是与后人在注释、解释、翻译原文的过程中产生的概念上的歧义、模糊、含混有关，当然也与原著常常给不同含义赋予同一个概念有关。所以，这就要求人们必须去除"先见"，一种由后人自圆其说而形成的系统性，从而回复到最初的真实状态。然而这里的首要前提是了解中国语言，包括语词意义的沿革和演变，分解汉语语法。这对外国人来说，虽然困难很大，却尤为必要。

中西文字的区别构成了中西思想文化不同的根源。西方人喜欢分离主体与客体，他们关心与自己生活无直接关系的自然的本原，把人之外的世界作为知识的对象来研究，通过对对象的分类、概括、判断、综合，总想抓住事物对象的本质。因而，注重的是概念，是为概念下定义的分析与确定及概念内部的逻辑联系。中文中的"了得"与"了不得"、"大胜"与"大败"在实际使用中常常会是同一个意思。说你了得或了不得，就是说你行，能干；两个球队比赛，说甲队大败乙队或大胜乙队，表明的都是甲队赢了乙队是在绝对优势下获得的。这对外国人来说显得不可思议，一个句子，加了一个否定词，怎么会是一个意思呢。他们不知道，所以如此是因为他们的思维方式与我们不同，讲究认识的整体性，用直觉来把握世界，是中国古代哲学家的思维方式。

许多外国人打开中国哲学著作觉得很不适应，他们难以想象，在国外早就闻名的《老子》，篇幅竟然不过5000字，还不到眼下一篇论文的篇幅。《论语》每一章也不过几句话。这对惯于逻辑推理，注重论点、论据、论证过程的外国人来说就很奇怪，这些哲学家的观点是怎么产生的，为什么会被人们所接受？理解这个问题不能脱离中国的社会风俗、道德观念、心理取向、思维特征等文化的总和。比较一下可以发现，西方哲学喜欢在建构体系上下功夫，把体系的严密、完整、庞大作为理论高明的标准，中国哲学讲究思想深度，喜欢用一两句话甚至一两个字如孔子的"仁"、老子的"道"、庄子的"化"来概括自己的哲学，甚至有些哲学著作的每一句话都可以作为警句，警句成了中国哲学的表达方式，像孔夫子的那段话，"三十而立，四十而不惑，五十而知天命，六十而耳顺，七十而从心所欲，不逾矩。"其中的任何一句话都是名言而流传至今。

这样看来，中国哲学家的语言可以说是诗一般的语言，有人就说，"中国人所用的语言，是特别为'描绘'而创造的，不是为分类而造的，那是一种可以触发特别感情，为诗人或怀古家所设计的语言。"诗歌与中国古代重要经典有着密切的关系，它们援诗入文，以诗句表达思想，老子的《道德经》无论从音韵、对仗、排比，都是合乎诗规的好诗。孔子在《论语》中说："诗三百，一言以蔽之，曰思无邪。"宋代大多数哲学家在气质上都兼有哲学家与诗人这二重性，这与近代西方哲学家常常是科学家这一现象形成强烈反差。为此，孔子要儿子先学诗，不学诗无以言。有一句古话叫"诗言志"，其实"诗"的原型就是言与志两个字合成的，而志总是与政治与教化有关。在有名的"鹅湖之会"①上，中国的哲学家用诗来进行哲学争论，这在世界哲学史上恐怕也是很少见的。思与诗相通，反映了中国思维方式的特点，如果用纯理性的思维方式，就很难真正把握中国哲学著作。

用警句表达思想，语言就要精练，句子就不能太长。古代哲学家认为，言只是指示，没有必要去描述现实，没有必要弄清言所表达的意思是怎么来的，也没有必要通过语言交流来达到对事物本质的认识。因此说话要谨慎，要尽可能少说话。孔夫子就认为，口头上教学生说的要比他想指明的内容少，教师所做的应该是要引起同学的注意，激发同学的思考，引而不发。有一本反映中国玄学思潮的书叫《世说新语》，记载了不少佳话韵事，话都很简短，有的只有几个字，历史上被称为"三语掾"的记载了这样一个故事，有一位大官问哲学家，老子、庄子、孔子三人的异与同，哲学家不说他们毫不相同，也不说完全相同，干脆以问为答说"将无同"，这一回答深得大官的赞赏，马上任命哲学家为他的秘书。所以中国有这样的说法，雄辩是银，沉默是金。圣人相见不用说话，只要双目一击，什么就明白了。

---

① 鹅湖之会　参见第十四章第一节陆九渊。

话少一点,文章短一点没有关系,因为中国文化富于暗示。庄子就讲,抓鱼需要网,鱼抓住了,网就可以不要了。抓兔需要兔笼,兔子抓住了,笼子也就可以扔掉了。说话是为了表达意思,意思表达了,说的话就没有必要再存在了。关键是思想要深刻,意义要浓缩。孔子的"仁",孟子的"义",老子的"反",庄子的"化",虽然都是一个字,但表达的思想深度都是难以想象的。思想深刻又语言简短,就得借助于暗示。寓言是暗示的主要形式,它所表达的东西与寓意不是一个东西,而是借助解释把自己的观点作为文本宣布的意义。它可以是一种影射,表面上陈述这一对象,实际上指的是另一个对象;可以是一种联想,借助语境从这一思想进入到另一种思想;也可以是一种双关语,用模糊的语言表达内心世界。富于暗示而明晰不足,是一切中国艺术的理想,是中国文化的基本特征。一首诗好不好就看它是否用迂回的方式传达了作者的意思,因为好诗"言有尽而意无穷",暗示几乎充斥于中国古代所有作品中,即使在那十分枯燥的编年史中,在那被人认为是相当客观的,最中性的记录中,人们通过那官位的名字、陈述的次序、人物命名的方法,礼仪的表达,也可以看到作者的暗示。那为人熟悉的在《史记》中得到充分运用的"春秋笔法"①、"以一字为褒贬"的曲折文笔、以若明若黑,若显若隐的表达技巧,间接地说出自己的判断,发出了可供人们理解的信息。

人们喜欢用风来比喻中国人的思维方式。对古人来说,风只可意会,不可言传,风无处不在,具有强大的力量,却没有固定的形态,它能穿插深入、渗透到各种事物的内部,发出各种声响,以无休止的运动在所到之处留下它的痕迹,但人们却看不见,摸不着,抓不住,所以庄

---

① 春秋笔法 一种使用语言的艺术,是孔子首创的一种文章写法,文字曲折而意含褒贬,为中国古代的传统所褒扬。

子就把风与话语看做一回事，它们都能发出不同的声音，都没有固定的东西，都因对象不同而不同。比较有趣的是，风又与歌、舞、诗歌有关，为思与诗的结合提供了旁证。

这样一来，外国人学中国哲学的难度就更大了，他需要用"两只眼"读书，一方面要了解字词的表面意思，一方面要透过字里行间，了解其中可能是与直接含义完全相反的意义。这就要有一种人类学家所主张的"临床式的理论"，其目的是诊断，而不是治疗；是要对症状作出分析，把症状放在疾病诊断的框架中，而不是去概括所有的症状；是对已有的资料形成解释，而不是去作预测。这就要求我们努力去探究中国传统典籍与具体的社会事件和场合的密切联系，探究哲学话语与百姓生活的密切联系，与中国人的思维方式和习惯的密切联系。一系列的追问拉开了常识与真理的距离，为我们铺垫了一条充满魅力的理解中国哲学的思想之路。

思考题

1. 怎样理解语言与哲学的关系？
2. 分析中国古代哲学的语言表达特点。

第二篇　诸子百家

诸子百家是先秦至汉初各个学派的总称，其产生和活跃主要在春秋（公元前770—前476）战国（公元前475—前221）时期。这一时期又可称"诸子时代"，也是中国思想文化史上的"轴心时代"①，出现了众多伟大的思想家。诸子百家的思想构成了中国思想文化的重要源头，奠定了整个中华文明的基础。

春秋战国时期，社会出现了大动荡、大变革，诸侯割据②，统一的封建国家尚未建立，旧的统治思想已丧失其权威，新的统治思想尚未形成。各诸侯国的统治者们都面临着新旧交替、无所遵循的局面，

---

① 轴心时代　是德国现代思想家卡尔·雅斯贝尔斯提出的著名命题。他认为，以公元前500年为中心——从公元前800年到公元前200年——的这一时期，是人类文明的"轴心时代"。这段时期是人类文明精神的重大突破时期，人类的精神基础同时地或独立地在中国、印度、波斯、巴勒斯坦和希腊开始奠定，而且直到今天人类仍然附着在这种基础上。各个文明都出现了伟大的精神导师——古希腊有苏格拉底、柏拉图、亚里士多德，以色列有犹太教的先知们，古印度有释迦牟尼，中国有孔子、老子……他们提出的思想原则塑造了不同的文化传统，也一直影响着人类的生活。更重要的是，虽然中国、印度、中东和希腊之间有千山万水的阻隔，但它们在轴心时代的文化却有很多相通的地方。

② 诸侯割据　诸侯指中国西周、春秋时分封的各国国君。周代初期周王把一定的土地和人民分别授予王族、功臣、先代贵族，让他们建立诸侯国。被分封的诸侯必须服从周天子的命令，封地属周天子所有，诸侯为周天子镇守国土。春秋时，诸侯强大，周王室衰落，诸侯脱离了周天子的控制，争着占据土地，成为所占据土地上的实际统治者。

需要从知识分子那里去寻找治国的方案。在这样特定的历史背景下，代表各阶级、各阶层、各派政治力量的学者或思想家，都企图按照本阶级（层）或本集团的利益和要求，对宇宙对社会对万事万物作出解释，或提出主张。他们游说诸侯，著书立说，广收门徒，相互辩论，形成了一个轰轰烈烈的"百家争鸣"的局面。

当时各派各家之间相互批判、辩论而又相互影响，同一学派在发展过程中也往往发生变化以至于分化。单就学派而言，并没有百家之多。"百家"表明当时思想家众多，但也是一种夸张的说法。在众多学术派别中，前人把其中影响比较大、比较重要的几家归纳为"九流十家"，即：儒、道、阴阳、法、名、墨、纵横、杂、农、小说家。十家中小说家最不重要，如果除去不算，就称为九流。"九流十家"中，以孔孟为代表的儒家、以墨子为代表的墨家、以老庄为代表的道家、以韩非子为代表的法家、以孙子为代表的兵家、以惠施、公孙龙为代表的名家及以邹衍为代表的阴阳家，这七个学派的学术思想比较系统，影响尤其深远，本书将对其主要人物及其代表学说进行简要介绍。

第四章 孔子 孟子 荀子

孔子、孟子和荀子是先秦儒家的三个最大的代表人物。其中孔子不仅是儒学的创始人，也是集大成者。孟子和荀子则在不同方面继承和发展了儒家学说。

中国古代哲学

关于儒家的起源及其为什么被称为"儒",研究者说法不一。有很多人认为,儒本来是有知识有才艺的人的通称,在孔子时已经有很多儒者,他们靠教授前代经典,以及在婚丧嫁娶祭祀等典礼中担任司仪为生。孔子是儒者中的集大成者,影响最大,后人就用"儒家"、"儒学"来指称他所开创的这一学派。

孔子为儒学建构了一个以"仁"为核心理念、以"礼"为主要内容、以"中庸"为根本方法的基本框架,奠定了儒家学说的三大基石。"仁"是儒家思想的精髓。孔子把"仁"通俗地解释为"爱人","爱人"为仁的基本内涵。"礼"是指社会中的等级秩序。通过各种典章制度、仪节规范的"礼",为不同等级、身份、地位的人规定了相应的行为规范,这样就可以将每一个人都纳入到一种规范的社会秩序之中。"中庸"则是认识和把握客观事物及人的思想行为的根本方法。关于"仁"、"礼"和"中庸",在本章第一节中还有详细介绍。

为了更好地传播自己的学术思想,相传孔子以毕生的精力整理了六种古代文献作为教学的材料,被称为"六经"。"六经"包括《诗经》(古代诗歌总集)、《书经》(记载上古史事的文件汇编)、《礼经》(春秋战国时代礼制的汇编)、《春秋》(以鲁国为中心的编年史)、《易经》(占卜之书,也包含了人生经验和哲学思想)、《乐经》(音乐方面的典籍)。其中《乐经》已经失传,其余的合称为"五经"。六经是儒家的经典,也被看做中国传统文化的结晶。

孔子之后到战国末期,儒学是当时社会上具有广泛影响的"显学(盛行于世,影响较大的学术派别)"之一,儒家学者以孔子为老师,以六经为经典,奠定了儒学的理论基础。从汉武帝时期"罢黜百家、独尊儒术"(详见本书第十一章)开始,儒家成为中国社会的正统思想,如果从孔子算起,绵延至今已有两千五百余年的历史了。其间随着社会的变化与发展,儒家学说从内容、形式到社会功能也在不断地发生变化与发展。详见本书第三篇有关内容。

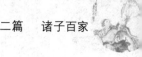

　　儒家学说不仅是中国传统文化的主流、核心内容，对中华民族精神的形成起到过无与伦比的决定作用，而且在世界许多国家和地区也都有着广泛的影响。特别是东亚一些国家，如朝鲜、韩国、日本、越南、新加坡等国，甚至可以说儒学是其历史文化中的一个重要组成部分，因此有不少学者把地处东亚的中国和上举周边一些国家统称为"儒家文化圈"。同时，儒学作为东方文化的主要代表之一，其与西方文化的互补性，也正在越来越为世界有识之士所瞩目。

第一节　孔子

　　孔子（公元前551—前479），姓孔名丘，鲁国人，是中国古代伟大的政治家、思想家、教育家。《史记·孔子世家》①说，孔子的父亲曾到曲阜的尼丘（尼山）作过祈祷因而生了孔子，又据说"尼丘"是山顶凹下上面有积水的山丘，而孔子头顶中间凹下，所以孔子取名丘，字仲尼，仲是排行第二的意思。

　　孔子年轻时很穷，自称从小地位就有点卑贱，所以能做不少低下的事。孔子从小就非常好学，鲁国是当时保存西周文化典籍和礼乐②

---

① 《史记·孔子世家》　《史记》是中国历史上第一部以为人物立传记的方式记叙史实的史书。约成书于公元前104年至公元前91年，作者是西汉时期的司马迁。《史记》记载了中国从黄帝到汉武帝三千多年的历史。

② 礼乐　西周初年（公元前11世纪），统治者开始制定礼乐制度，将礼乐作为一种维护等级秩序的工具，对后来历代都产生了重大而深远的影响。其中"礼"包括人的行为准则、道德规范、尊卑秩序以及礼仪规矩等等。"礼"负责规范人的行为，要求贵与贱，尊与卑，长与幼，亲与疏的各种人之间，必须遵守各自的行为规范，绝对不可混淆。"乐"是指音乐，负责调和人的性情，激起人们的共鸣。人的喜怒哀乐之情，都可以通过乐来表达，同时也可以在乐声中化解。提倡"礼乐"的目的在于教化，诱导人向善，让社会处于平和的状态中，从而维护统治秩序。到了孔子的时代，礼乐制度逐渐被废弃，出现了礼崩乐坏的局面。孔子一生所致力追求的就是恢复西周时期的礼乐制度。

传统最好的国家,孔子自幼就受到周礼的熏陶,由耳濡目染以至融会贯通,在当时就已经被公认为博学的人。50岁时孔子进入鲁国政府作了高官,55岁时在一场鲁国内外串联的政治阴谋中被迫离开鲁国,开始了他周游列国14年的生活,到处宣传他的政治主张和社会理想,但却得不到执政者的重用,最后还是回到了鲁国,此时他已是69岁高龄了。三年后,孔子告别了人世。

孔子是中国历史上第一个大教育家,被后世尊为"万世师表"、"至圣(圣人之中的圣人)先师"。他针对当时受教育为贵族特权的情况,提出"有教无类"的口号,认为不分贫富贵贱贤愚,人人都有受教育的权利。他开创了大规模的私人讲学之风,授徒讲学,打破了贵族垄断文化教育的局面。他有出身各不相同的学生3000多名,其中72人学得最好,被称为"七十二贤人"。在教学方法上他主张因材施教,同一个问题对于不同的人给予不同的回答。他主张启发式,说:"不到学生心里想弄明白还没弄明白、想说又不知道怎么说的时候不给他启发;指出桌子的一只角而不知道还有其他三只角,就没有必要再说些什么了。"他主张学和思结合,学习了而不深入思考,就会迷惑,但只是去空想而不去学习,则更加危险;要复习旧的知识,由此获得新的知识;要做到"知之为知之,不知为不知",这才是真知。孔子的教育思想,给后人留下了宝贵的财富。

孔子最主要的功绩和贡献,在于他还是一个大思想家。概括起来,孔子的思想主张主要包括以下几个方面。

一、正名

春秋后期,随着社会经济、政治和文化的急剧变化,出现了事物的称谓(即"名")跟它所指的事物(即"实")之间的矛盾。许多旧的名称未变,但它所指的事实已经变了;许多事物原来的"名"不能适应新的内容,而各种新起的"名"又还没有得到社会的承认。这些都表明名与实之间的矛盾相当突出，孔子针对这种情况首先提出了"正名"的主张。

孔子认为，名分不正说起话来就不顺当合理；说话不顺当合理，事情就办不成；事情办不成，礼乐也就不能兴盛；礼乐不能兴盛，刑罚的执行就不会得当；刑罚不得当，百姓就不知怎么办好。所以君子一定要定下一个名分，必须能够说得明白，说出来一定能够行得通。在孔子看来，正名有着很重要的社会功用，他在向

儒家学说的创始人孔子

学生传授如何处理政事时说，"政"来自"正"字，政就是要人走正路，所以管理国家必须"君君、臣臣、父父、子子"。这里构成每一个词的两个字反映的都是实与名、个别与一般的关系。第一个字是具体的，是实，第二个字是一般的，是名，名规定实，一般限定个别。负有某个名的人都必须相应地履行他们的责任和义务。做国君的应该像"君"的样子，做臣子的应该像"臣"的样子，也就是君之实要符合"君"之名，臣之实要符合"臣"之名。如果君不像君，臣不像臣，父不像父，子不像子，那社会就乱成一团了。

孔子的正名思想主张以理想的"名"去匡正现实，所谓理想的"名"是孔子心目中古代圣贤建立的一种相对平和的社会结构和社会

准则，而"正名"就是要重新规范当时背离了"名"的社会行为，实际是其政治主张的反映。孔子"正名"思想的兴趣并不真正在于辩论名实关系，而是要维护君臣父子的等级差别，挽救"礼崩乐坏"的社会政治秩序。

　　名分讲的是特殊性，它是人与人之间差异的标志。为了使名分成为现实，名与名之间的排列有序，就必须用"礼"来保证，所以孔子说必须"克己复礼"，人要约束自己，使言语行为都回复到礼的规范，"非礼勿视，非礼勿听，非礼勿言，非礼勿动"。孔子所说的礼主要是周礼。因为周礼是借鉴了夏、商两代的统治经验而建立起来的，同时又是在他那个时候唯一还可以参照的典章制度。

　　二、仁学

　　"孔子贵仁"，仁是孔子思想体系的核心，在后来则成为整个儒家文化的中心范畴。

孔子讲学图

《论语》①中讲仁的地方相当多，据统计"仁"字一共出现了110次。但《论语》中并没有对"仁"作系统的阐述，而大多是记述孔子对弟子问"仁"作出不同的回答。由于孔子"因材施教"的特点，针对学生材质品性的不同，其回答也各不相同，因此看起来"仁"的含义就显得十分宽泛。归纳起来，孔子关于"仁"的思想以下述几个方面最为重要。

　　首先，"仁者爱人"。仁是指人与人的一种亲善关系，其基本形式是"爱人"，要求将人作为人来看待。这也是仁最主要的意思。对于统治者来说，爱人就要求"仁民"，要求统治者要对人民仁慈，要体察民情、爱惜民力，反对苛政。

　　其次，"孝弟"是实行仁的根本。"孝"是指孝敬父母长辈，"弟"是指友爱兄弟同辈。孝弟虽然本来都是家庭道德，但在西周文化制度里，宗法社会的等级关系，是以家族内部血缘关系为基础推广开去的，君臣关系是父子关系的推广，朋友关系是兄弟关系的推广，国家道德标准是家庭道德标准的推广。一个人如果在家孝弟，那么在社会上就不会触犯上级，扰乱社会秩序。

　　"忠"和"恕"是实践"仁"的手段。孔子曾说他的"道"是用"忠恕"来统一的。所谓"忠恕"就是推己及人，用自己的心意去推想别人的心意，设身处地替别人着想。"忠"即尽自己的力量帮助他人，自己想要达到的目的也要帮助他人达到，自己想要取得的成就也要帮助他人取得，在自己谋求生存与发展的同时，也要帮助他人生存与发展，这是推己及人的肯定方面、积极方面。"恕"是说自己不想

---

　　① 《论语》　儒家学说的必读经典，是孔子死后由他的弟子及再传弟子编成的。"论"音lún，意为"有条理地纂集"；"语"即"言语"、"话"，"论语"即纂集孔子的话而成的语录。《论语》一书，是研究孔子思想的最主要的可靠资料。

要的，也不要强加在别人身上，不能只为了满足自己的欲望而忽视了他人的存在，更不能以牺牲他人的利益为代价来谋求自己的生存与发展。这是推己及人的否定方面、消极方面。推己及人的这两个方面合在一起，就叫做忠恕之道，也就是仁道，是实行仁的方法。

"仁"又是与"智"、"勇"、"信"、"直"、"真"等美好的德行联系在一起的。孔子认为仁、智、勇这三者之间的关系是：仁是核心，也是目标；智是如何把握或理解仁；而勇则是如何实行或坚持仁。要想最终实现仁，三者缺一不可；孔子把"信"看做是为人最基本的品质之一，人如果不诚实守信，就无法在社会上立足；为人还应正直，直还有一个涵义就是真情流露。对于仁人来说，喜怒好恶总是他真实情感的流露，而决不虚伪遮掩。

还有的时候，孔子用"仁"字不光是指某一种特殊德性，而且是指一切美好的德性的总和。所以"仁人"就是具有一切美好品德的人。以上几个方面概括起来可以总结为：仁就是人的性情的真的及合于礼的流露，即以同情心为根本而推己及人的一切美好的德性。

三、天命

天人关系是孔子思想的一个重要内容。

天命是天或上帝的命令。需要指出的是，孔子在说天命时，常常把"天"与"命"独立加以使用。在孔子以前的传统宗教中，往往把宇宙和人类社会的最高主宰称为"天"，把那种支配社会生活和人的命运的不可捉摸而且人力无法改变的力量称为"命"。孔子接受了这一传统，所以在他那里天与命有时可以互换，如借他的学生子夏之口说出的"死生有命，富贵在天"。由于孔子处于"礼崩乐坏"的时代，天的权威在逐步动摇，只能用命的思想来补充和取代。

孔子肯定天命是至高无上的价值理想，所以人们应当敬畏天命，他说："君子有三畏，畏天命，畏大人，畏圣人之言。"就整个社会生活而言，天命、大人、圣人可归为最高统治者一类，上帝是宇宙的最高主宰，大人是社会的最高主宰，圣人是人精神上的最高主宰；就三者而言，天命位居第一。这表明了天命在孔子心中的地位。同时，作为长期周游列国而不被重用、在政治上多次遭受打击的孔子来说，相信天命对他来讲还是某种精神上的慰藉和依赖。孔子曾说："大道能够实现是命，大道不能够实现也是命。"他把他所创立的"道"即学说能否实现归结于命运的安排。同时，"天命不可违"，"命"是不可抗拒的，是神秘的。

孔子相信天命的同时又并不屈从于天命。孔子强调"知命"，他说自己"五十而知天命"。"知命"也就是承认世界本来存在的必然性，反正天命不可抗拒，那么我们只管坦然地、一心一意地尽力去做我们知道是自己应该做的事就行了，而不必计较成功还是失败，这就是"知命"。总之，孔子一方面在政治理想和抱负不能实现时，无可奈何地相信天命，认为上天不给他机会；但他又不抱怨天命，表现出一种积极的抗争精神。

孔子敬畏天命但怀疑鬼神。他曾在生病时婉言谢绝了学生为他向神灵祈祷的请求，当学生向他提出事奉鬼神的问题时，他说："还没能事奉好活人，怎能事奉鬼神呢？"孔子对鬼神采取避而不谈的疏远态度，认为对鬼神最好的办法是"敬而远之"，主张将注意力集中于人事。对此，鲁迅[①]评价很高，他说："孔丘先生确是伟大，生在巫鬼势力如此旺盛的时代，偏不肯随俗谈鬼神。"

四、中庸

孔子十分推崇中庸，他认为中庸是道德修养的最高境界，可是人

[①] 鲁迅　鲁迅（1881—1936），中国现代文学家、思想家和革命家。他的著作主要以小说、杂文为主。代表作有：小说集《呐喊》、《彷徨》，散文集《朝花夕拾》等以及众多的杂文集。

们缺乏这种道德已很长时间了。但《论语》中并没有对"中庸"作出直接解释,后人将它理解为"平衡之道",认为是一种不偏不倚、保持均衡的中道,中庸思想的基本特征即注重事物的均衡性,也可以说是行为的适度性。这一理解基本上是正确的。

中庸是把"中"与"庸"结合起来。所谓"庸"指的是"不变",是一种常规、定理。"中"指的是中正合适,不偏不倚,恰到好处。有一次,子贡问孔子,子张与子夏哪一个好一些?孔子回答说,子张有些过,子夏却显得不及(还不够)。子贡问是不是子张好一些?孔子的回答是:"过犹不及。"两人都不符合中道。

"中"与"两端"密切相关。事物都存在两端,只有二者兼顾,不偏于一端,才能恰到好处。孔子强调做人要"中":狂妄的人敢于创新,勇破常规,谨慎的人循规蹈矩,处处小心,这二者各有所偏,最好是"中行",兼二者之长。君子要"时中",时中就是要时时刻刻守住"中"。我们在《论语》中可以经常看到这样的表达方式:"温而厉"、"威而不猛","乐而不淫,哀而不伤"。一个"而"字,就把相对的两端结合起来,也就达到了"中"的理想状态。

"中"的最高境界是"和"。"和"这个字与烹饪有关,它把不同的食物调和在一起,使其有最佳的口味。就一般意义而言,和就是调和不同以达到和谐的统一。"和"跟"同"不是一回事。"同"与"异"是不相容的,而"和"与"异"不是不相容的,相反,只有几种异合在一起形成统一时才有和。和的最重要的一点是容忍种种特殊的成分,建立和谐的秩序,孔子认为这是最高的文化成就,并以此作为君子与小人区别的标准,说"君子和而不同,小人同而不和"。他要求人们用"和"来解决君子与小人、上与下、贵与贱、贫与富的对立或矛盾,这就是调和的办法。但是要达到和,合在一起的各种异都要按适当的比例,这就是中。所以说"和"是"中"的最高境界。当今世界潮流的发展,越来越重视承认多元化价值观的合理性,推崇多种文明的和谐共存,这正是"和而不同"思想的体现。"和而不同"与西方一些学者所主张的所谓"文明冲突论(Clash of Civilization)"不同,可以说是中国古老智慧对当今世界和平的贡献。

第二节　孟子

孟子(约公元前372—前289),名轲,邹国人,是中国古代著名思想家,战国时期儒家代表人物。据传,孟子是受业于孔子的嫡孙子思的再传弟子,后人把子思与孟子合在一起称为"思孟学派",看作儒家的"正统"学派。儒家学派和儒家思想经过孟子而发扬光大,因此后来中国的儒家文化便被集中概括为"孔孟之道"。

孟子也是战国时著名的教育家。他大约20多岁开始授徒讲学,他认为,得天下英才而教育之,是最快乐的事。和孔子一样,孟子也曾带领学生游说各国诸侯,但也一样不被重用。所以他便在65岁后回到家乡与学生讲学著书,作《孟子》七篇,记述了孟子一生的主要言行及其思想学说。

孟子继承和发展了孔子的思想,被尊奉为仅次于孔子的"亚圣"。他提出了一套完整的思想体系,对后世产生了极大的影响。概括起来,主要包括以下几个方面:

孟子画像

中国古代哲学

一、仁政与王道

孟子继承发展了孔子的仁爱学说，发展为仁政学说，成为其政治思想的核心。所谓仁政又可叫做"王道"，主张统治者用仁爱之心对待人民，通过道德指示和教育来实现统治，其作用在于德。"王道"是与当时法家（详见本书第九章）所普遍实行的"霸道"相对立的。"霸道"依靠暴力和强迫来实现统治，其作用在于力。战国中期各国争相使用武力，用霸道统一天下，孟子针对这一状况提出了"以德服人"的王道政治，认为只有实行仁政，用仁爱之心对待人民，才能得民心，得天下。

实行王道首先是从经济生活开始的。孔子最早提出了"富而后教"，肯定"富"是"教"的基础。孟子的仁政学说则进一步阐明了"富"的途径，其基本的主张便是给人民以一定的私有土地等固定产业。只有使人民拥有"恒产"，固定在土地上，安居乐业，他们才不会去触犯法律，为非作歹。而实施的办法，首先就是实行井田制。根据孟子的设想，每平方里土地分成9个方块，每块为100亩，中央一块叫"公田"，其余8块是8家的私田，每家一块。8家合种公田，收获的产品交给政府，私田自种，产品自留，9个方块安排得像"井"字一样。各家在其私田住宅周围，要种上桑树，这样，老年人就可以穿上丝绸了。各家还要养鸡养猪，这样，老年人就有肉吃了。这些如果做到了，那么老百姓都可以供养活人，安葬死人，不至于感到有什么缺憾，这就是王道的开始。由于物质生活的充足和心理需要的无憾，人民也就有闲暇来治礼义，统治者再兴办学校，用孝悌的道理进行教化，使人人受到一定的教育，懂得人伦①的道理，引导他们向善，这就

---

① 人伦　中国古代儒家伦理学说的基本概念之一。是封建社会所规定的人与人之间的关系，特指尊卑长幼的关系。

可以造成一种人人热爱亲人、尊敬长辈的良好道德风尚，从而天下太平。

孟子在推行王道时，贯穿着一个基本的思想线索，那就是"民贵君轻"的民本思想。孟子是中国思想史上第一个明确提出"民为贵"的思想家。他有一句名言："民为贵，社稷①次之，君为轻。"这里的民是指从事农业生产的劳动者，有时还把商人包括进去了。这里说的贵不是高贵，而主要是指重要。这句话强调了民心的重要性，君主只有得到人民的拥护，才能做君主。并且，君王、诸侯、社稷都是可以变化的，而百姓却无法更换，所以人民的重要性超过了君主。孟子认为如果君主实行暴政就不再是人民的君主，而是人民的敌人，人民有权推翻政权，指出了革命的合理性。民本思想被后代封建统治者视为大逆不道，传说明太祖朱元璋②一边读《孟子》，一边看到不称心处就骂："这老头要是生在今日，岂能放过他！"

照孟子看来，王道并无奥妙，也不难。《孟子》中记载，有一次齐王看到一头牛将被人作祭品，非常不忍心，命令用羊去替换。孟子就说，这就是齐王的"不忍之心"，也就是恻隐之心，只要他能够推广到人事上，那就是行王道。齐王说他行不了王道，因为他有贪财好色的毛病。孟子说，人人都喜欢财物美女，王如果从自己的欲望推知人民的欲望，并采取措施尽可能满足他们，也就是行忠恕之道，这样做的结果不是别的，就是王道。在这里我们可以看到孟子对孔子思想的发展。孔子在阐明忠恕之道时，还只限于个人的修养方面，孟子则把它推广到治国的政治方面。

---

① 社稷　"社"指土地神，"稷"指五谷之神。"社稷"合称本是土地和粮食的象征，因为土地和粮食是一个国家的基础，所以引申为国家政权的象征。

② 朱元璋（1328—1398）　明朝的第一个皇帝。

二、性善

性善论是孟子的根本观念。

孔子对于仁讲了很多，人应该行"仁"，但却没有解释为什么每个人应该这样做，孟子就试图回答这一问题，在回答的过程中孟子提出了人性本善的学说。据孟子说，他的学说在当时属于争鸣中的一种学说，他的一个主要对手是告子。告子认为人性无所谓善还是不善，他说，人性好比流水，决个口子向东，水就向东流，决个口子向西，水就向西流，所以人性无善恶，道德是外面人为加上去的东西。孟子不同意这种说法，他也用水性比喻人性，他说：人性的善，就好像水向低处流一样。人生来没有不善的，就像水没有不往低处流的。这形成了孟子与告子的重大分歧。

孟子提出大量论证来支持性善说。论证讲到，人皆有"不忍人之心"，即一种排除了任何外加因素的不忍他人遭受痛苦的爱心。例如，当一个人看到有小孩即将掉入水井时，都有一种担心与恐惧，都立刻会伸出手去救他。在这一瞬间，这个人行为的动机并不是因为想要巴结这孩子的父母，不是为了在乡邻赢得赞誉，也不是厌恶孩子的哭叫声，它只是出于人的本能的反应，源于人内在的"不忍人之心"，人天然有的对别人遭遇痛苦或危险的同情心。"不忍人之心"扩展开来，就表现为恻隐之心、羞恶之心、辞让之心、是非之心，如果没有这"四心"，那不能算是真正的人。这四心在根本上都不是在后天教育或风俗习惯的熏陶中习得的，而是人内心本来固有的，就像人的四肢一样，是生来就有的。

一切人的本性中都有这四心，如果充分扩充，就变成四种"常德"，即儒家极其强调的仁义礼智，这些德如果不受外部环境的阻碍，就会从内部自然发展，有如种子自己长成树，蓓蕾自己开成花。这需要解释一种现象：既然人性是善，世界上怎么会有恶人？其实孟子的性善论是说人性有善的可能，至于现实中的人不都是善人甚至还会做坏事，则是因为受环境影响而不能充分发挥其本性的缘故。如果人受外部不良环境的引诱，放弃良心，人天生就有的四德就会跑掉。人尽管本性是善良的，但仍有可能成为恶人。

关于人性的问题，孔子基本没有涉及。性善论是孟子对儒家学说的发展和补充。

三、浩然之气

为了保持人的善性，不让善性流失掉，孟子提出了寡欲。孟子认为，欲望会影响人的道德品质，人的欲望越多，善心和仁义之心就越少，但又不能完全无欲望，所以必须把欲望限制在最小的范围内，这就是寡欲。寡欲不是用强制的手段去禁欲，而是用理义来制欲、杀欲。并进而提出人"生于忧患而死于安乐"。正是从这种观点出发，孟子说，要完成天降之大任，一定要艰苦地磨炼心志，劳动筋骨，忍饥挨饿，穷困身体，每一行为总是不能如意，这样就能心正不斜，坚忍性情，做常人所不能做的事。

人经过了这样一个修身过程，就能舍生取义。孟子举例来论证说，鱼和熊掌都是人爱享用的美味佳肴，但当二者不能同时得到时，那就要弃鱼取熊掌，因为熊掌比鱼珍贵。生命与义都是我想要的，如果二者不能同时得到，我就要牺牲生命保存义，因为义比生命更宝贵。"舍生取义"继承和发展了孔子"杀身成仁"[①]的思想。在孟子看来，"仁"是源于人皆有之的恻隐之心，是一种近乎本能的对于同类、特别是对于生育自己的亲人的情感。这种情感是天然的。而"义"是一种经过反思后的自觉的意识，是从自觉意识中逐渐产生并生长起来的道德理性。尽

---

① 杀身成仁　为了成全、成就"仁"，可以不顾自己的生命、牺牲自身。

管孟子对孔子十分敬重，但在探讨义的问题时，却并没有受孔子思想的局限。孔子说君子应该言必信，行必果；孟子却说，言不必信，行不必果，关键看存在不存在义。强调义，是孟子学说的一大特点。

孟子讲寡欲，只是修身的一种消极办法，另一种积极的办法是培养浩然之气。孟子说，浩然之气是一种充满于天地之间的最伟大、最刚强的气，这听起来似乎很神秘，其实简单地说就是人的一种精神力量和意志品质。浩然之气是正义的日积月累所产生的，不是一时的正义行为就能得到的，靠的是人的经常行义。义不等于浩然之气，但一个人若经常行义，浩然之气就会自然而然地在他的内心中出现。浩然之气对人生的意义是巨大的，人如果具有这样一种精神境界，他就不会被外在的物欲和威胁所左右。在这里，孟子提出了"富贵不能淫，贫贱不能移，威武不能屈"①的"大丈夫"的标准，这也是浩然之气的最集中的表现。"大丈夫"标准后来影响了历代无数的仁人志士。

四、天人合一

在先秦哲学所思考和讨论的问题中，"天人关系"非常重要。天是什么？天与人的关系是怎样的？孟子在中国哲学史上第一个对"天人合一"理论进行了自觉的阐发。

孟子的"天人合一"说有两个方面的内容。第一，天是外在于人的客观必然，它是万事万物的主宰，人事的一切，都是由天所决定的。而在人的一方，只有最终摒除其主观的好恶情感而顺从于天，才能有资格担当起上天的大任，即"顺天者昌，逆天者亡"。

第二，同时也是孟子"天人合一"说的更为根本的含义，则是把天

---

① 富贵不能淫，贫贱不能移，威武不能屈　见于《孟子·滕文公下》，意为：荣华富贵不能迷乱他的思想，贫穷困苦不能改变他的意志，强暴武力不能使他屈服。

人合一演变为人"尽心"、"知性"而"知天"的心性体验。孟子认为，人的本性中有"四心"，是仁义礼智四"善"的发端，这是天所赋予的。天是人性固有的道德观念和原则的本原，这种天人合一乃是一种自然的、但不自觉的合一。由于人类后天受到各种名利、欲望的蒙蔽，不能发现自己心中的道德原则。但只要"尽心"，尽量发挥、扩展自己的本心，也就知道了我们的性，即人的道德属性。性是"天命"即天所赋予的，所以知道了性，也就知道了天。人能完全了解自己的本性，就能完全了解天。修养自己的心性，就是侍奉天。由此，孟子提出了"万物皆备于我"的著名命题。因为万物的本性同样由天所赋予，而天性即在我心，只要向内体验到本性，也就与天、与万物之性相通，实现了天人合一这一人与天地万物融为一体的最高境界，就可以产生一种巨大的精神力量。对人而言，再没有比这更为快乐的事了。

孟子的心、性、天合一观影响深远，后来儒家的心性哲学基本上都遵循了这一思路。

第三节　荀子

荀子名况，又称"荀卿"。"卿"一说是他的字，一说是当时人对他的尊称。他是战国末期赵国人，生卒年不详，活动年代大约在公元前313—前238年之间。荀子是先秦著名思想家，儒家重要代表人物之一，在当时以及汉代享有很高的威望。在中国历史上产生重大影响的李斯[①]、韩非，都是他的学生。

[①] 李斯（？—208），战国末年楚国人，秦代政治家。李斯是著名思想家荀卿的弟子，后辅助秦国统一了中国，官至丞相。秦统一后，李斯又帮助秦始皇采取了一系列加强中央集权的措施，包括统一全国的计量单位，统一文字等。

中国古代哲学

战国末期，诸子各派的思想学说都已出现。荀子在继承前期儒家学说的基础上，又吸取了道、法、名、墨诸家思想的积极合理成分，建立起自己的思想体系，所以他的思想非常丰富。他不但是先秦儒家的总结者，也是战国时期百家争鸣的总结者。荀子的思想和学说保存在《荀子》一书中。其代表性观点主要有：

一、明于天人之分

春秋末至战国时期，天和人之间的关系是哲学争论的中心问题。在荀子之前，各家各派都提出了相当丰富的天人关系理论，其中最有影响的是儒道两家的天人学说。儒家学派中孔子强调敬畏天命，主张知命，顺应天意而积极作为；孟子提倡由尽心、知性、知天，最后达到人与天融为一体的精神境界。以老庄为代表的道家则主张放弃任何人为努力，挣脱一切文化束缚，完全顺应自然，将人还原为自然存在物，由此达到与天合一的境界。在前人思想的基础上，荀子建构了富有特色的天人哲学，提出要"明于天人之分"。所谓"明于天人之分"，简单地说，就是天有天的职能，人有人的职能。自然与人事各有自己的职分和规律，分别扮演不同的角色。

首先，天是什么？荀子认为天就是自然界，它包括群星、日月、四季、风雨之

荀子劝学图

类的东西。自然界有规律的运动产生并养育了万物，人们从万物的产生和养成可以知道它的功能，却不知道它是为什么和怎样在无形中起作用的。从它的功能而说，可称为"神"，就它的存在而言，可称为"天"。荀子眼中的"天"已经褪尽了超自然"神"的灵光，成为与人类社会相对的客观存在着的自然界。

　　荀子强调"天人有分"，可以从"人不能影响天"与"天不能影响人"这两方面来加以简单概括。一方面，荀子认为，天或自然界是独立存在的，天地自然的变化都按自己的规律运行，不会依人的主观意志而改变。他强调，天并不因为人们害怕寒冷就停止了冬天，也并不因为人们害怕辽阔就取消了广远，不论是圣君尧①还是暴君桀②在位，它都始终按照自己的规律运行，人类不能影响改变自然的运动规律。另一方面，荀子又指出，作为自然的天本身也没有意志，因此它不会来干预人类社会的活动。人类社会是安定还是动乱与自然现象没有关系。当时人们对自然界偶然出现的不正常现象很迷信，认为这是人类社会将要出现灾祸的预兆。荀子批判了这种观点，他说，天星坠落、树木鸣叫、日蚀月蚀等现象，人们因为不了解而感到奇怪是正常的，但不必畏惧。因为它只不过是超出了一般常规的自然现象，与人类社会的好坏无关。天灾并不可怕，最可怕的是统治者造成的灾祸。对社会造成危害的其实是人祸而不是天灾。

　　虽然荀子认为天人是相互独立的，但他又指出人在自然界面前不是消极无为的，人应该"制天命而用之"，在尊重自然规律的基础上，发挥人的主观能动性，积极地去探索自然的奥秘，由此来为人类社会自身服务。荀子认为，人不应该只是仰慕、颂扬自然的伟大和等

---

　　① 尧　中国古代传说中的上古的圣王。
　　② 桀　公元前16世纪夏朝的最后一个君主，是中国历史上有名的暴君之一。

待自然界的赐予，而应该通过自己的努力，驾驭控制自然界，促进自然界的变化，利用自然界来为自己服务。要是放弃了人的力量而仅指望天，那是不符合万事万物发生发展的情理的。荀子还把天、地、人三者作为三种平行的力量并提，提出人要以自己的努力与天、地相配合，参与整个宇宙的变化。

二、性恶与化性起伪

在人性论方面，荀子提出了与孟子"性善"论截然相反的"性恶"论的观点。

要讨论人性问题，首先必须弄清楚"性"是什么以及"性"和"伪"的区别。在荀子看来，所谓"性"指的是人天生的原始的质朴的自然属性，即天性；"伪"指的是人为，是由于后来环境影响，经过长期教化和学习而形成的一种品格，或者说是人的社会属性。要注意的是，这里的"伪"是一个中性词，并没有"虚伪""作假"一类的贬义。

荀子说，人的天性是恶的，因为人有饿了想吃饱、冷了想取暖、累了想休息的生存需求，和眼睛爱看美色、耳朵爱听音乐、嘴巴爱吃美味、内心爱好财物、身体喜欢舒适安逸的生理本能。或者说，荀子以为人天性是趋利避害、好逸恶劳的。这就是其性恶论的依据。荀子认为，对于社会中的人来说，如果一味由着自己的本性做事情的话，就必然会产生争夺、残杀、淫乱等暴行，这就是恶。

既然人性本恶，那么善是从哪里来的呢？荀子认为善来自于"伪"，是通过礼义教化后天养成的。因此荀子主张"化性起伪"，即变化人的本性，建设人为的礼义法度等。"化性起伪"的基点是承认人性是可变的，人在实际上是善是恶，取决于他所处的后天环境和主观的努力。不论是圣人①还是普通人，先天本性并无差别，差别只在

---

① 圣人　这里指品德智慧极高的人。

于后天，人只要积极从事于伦理道德的实践，就能由恶转化为善，使先天本性与后天人为统一起来。

荀子的性恶论与孟子的性善论针锋相对，但他们都承认"人人都可以成为圣人"，从其价值导向都是劝人为善来说，二者并无差别。他们又都强调礼义教化的重要意义，主张通过礼义教化来教育感化民众，从这一点来说，他们又是一致的。

三、礼乐教化

荀子重视后天学习和教育的重要，这实际是他"化性起伪"人性论的逻辑延伸。

既然后天环境可以改善人的恶的本性，人在后天可以通过教化进行人格塑造、人格培养，那么后天学习和教育的重要性就不言而喻了。《荀子》的第一篇就是《劝学》，是关于学习的名篇。在这篇文章中荀子反复说明了学习的重要性及学习的目的、态度和方法。其中有一段有名的话，指出学习的成效来源于辛勤的积累。他说，泥土堆积起来形成高山，就会兴起风雨；水流积蓄成了深潭，就会生出蛟龙；善行积累就会培养出有道德的人，使他达到高度的智慧，具备圣人的境界。所以，不从一步两步积累起，就无法行走千里；不汇集细小的水流，就不能成为江海。文中这样的名句很多，成为后代人们鞭策自己学习的座右铭。

与古希腊人把追求健美、爱好体育、强调个性作为培养理想人格的途径不同，荀子抓住了礼乐。

首先是强调礼，因为有礼才有道德。荀子认为，人生来就有欲望，为了满足欲望，就会发生争夺混乱，乱的结果就是贫穷与落后。为了避免这种局面，统治者只有借助礼制定名分，让大家按照贵贱等级、长幼秩序，做自己该做的工作，拿自己该拿的财物，才能调节、满足人们的欲望，保持天下太平。但制定礼又不仅仅是为了用来调节与满足人们的物质欲望，更是为了用来确立社会等级制度。它规定的各种道德规范和礼节仪式等等都有利于等级制度的确立与巩固,所以它是治国的根本,关系到国家的安危存亡,因此统治者必须重视实行礼。跟孔子思想以"仁"为核心、孟子思想主要强调"义"不同,荀子则更加重视"礼"。

除了"礼",荀子也强调乐,认为音乐也是道德教育的工具。《荀子》中也专门有一篇《乐论》,其中讲到,音乐就是欢乐,而要求欢乐是人的情感所不可避免的,所以人不能离开音乐。教化不仅是指用礼义来制约规范,还包括音乐的熏陶疏导。音乐具有发扬善和去除恶的作用,可以使人的内心情感自然而然地与德性相配合,当人的心灵陶醉于以善为内容的音乐之中时,就既是情感的愉悦,又是德性的陶冶。推广音乐,会使人们的志向变得高洁,感情温和平静。改变风俗,天下安宁,没有什么比音乐更好的了。

总之,音乐,是人情化的调和性艺术,是协调人情不可替换的手段,主要涉及人的情感方式;礼制,是一种规范性文化,是治理社会不可更换的原则,主要涉及人的行为方式。音乐使人们同心同德,礼制使人们区别出等级的差异;礼制和音乐可以总管人们的思想,培养出理想的人格。礼乐的交互作用,成了实现更高社会理想与价值的动力。

思考题

1. 孔子的教育思想对我们现代人有什么启发?
2. 通过学习孔子的思想学说,你有哪些收获?
3. 孟子对孔子的学说有哪些继承和发展?
4. 谈谈你对人性善恶的看法。
5. 你怎么看待荀子"制天命而用之"的观点?
6. 孟子和荀子的人性论有什么相同与不同?

第五章 墨子

第一节 墨子

墨子，名翟（dí），墨家学派的创始人，战国时期著名的思想家。关于墨子的生平，已很难详细考证。学术界一般认为墨子生于公元前480年，死于公元前415—前410年间。《史记》记载说他是宋国的大夫。墨子很可能是一个有相当文化知识，又比较接近农工小生产者的"士"①。他曾经当过工匠，具有高超的工艺技能。据说他亲手制作的"木鸢"（木头做的大鸟），可以在天上飞一整天才掉下来，"木鸢"被认为是后代风筝的前身。他还擅长防守城池的技术，据说他制作守城器械的本领比历史上最著名的巧匠鲁班②还要高明。

墨子最初曾学习儒家学说，但后来逐渐对儒家烦琐的礼乐制度感

---

① 士　中国商、周时代贵族的最低一级，介于贵族和平民之间的一个阶层。"士"具有一定的知识和技能，后来演变为对知识分子的泛称。士可以说是封建社会中最基础的贵族，也可以说是最高级的百姓，类似于欧洲的"骑士"、日本的"武士"。

② 鲁班　春秋末期到战国初期一位技艺高超的工匠，也是中国历史上有名的科技发明家。他有许多的创造发明，包括多种木工工具、农业器具和生活用具。由于成就突出，自古以来鲁班一直被土木工匠尊奉为"祖师"，受到人们的尊敬和纪念。

中国古代哲学

到厌烦,最终舍弃儒学,创立了与儒家对立的学派,即墨家学派。墨家学派一开始就是以孔丘和儒家的反对派的姿态出现的,孔子重视礼乐制度,墨子则主张废除礼乐;孔子"知命",墨子则反对"天命";孔子提倡丧葬祭祀的繁复礼仪,墨子则要求尽量简化;孔子敬鬼神而远之,墨子则渲染鬼神对人世的奖善惩恶作用;等等。同时,墨子当过工匠,他的门徒大多来自社会下层,墨家的兴起反映了当时数量较大的小生产者的利益。如果说孔子的思想具有贵族的色彩,那么墨子则可称是"平民哲学家"。儒墨二家的相互驳难,揭开了先秦百家争鸣的序幕。

墨子是继孔子之后第二个以私人身份训练"士"的大师。墨家是一个有领袖、有学说、有组织的学派,其成员称为"墨者",墨者集团既是思想学派,又可以说是一个以生活刻苦、组织纪律严密而闻名的政治结社。其成员大多来自社会的下层,大多是有知识的劳动者,能够吃苦耐劳,平时一律穿粗衣草鞋,整天辛勤劳作,不能吃太饱,还得自觉地与下层社会的贫贱百姓生活在一起。他们为了自己认定的真理,可以放弃生命,具有勇于献身的精神。墨者集团的首领叫"钜(巨)子",类似于宗教教主,对所有成员具有决定生死的权威。他由上代指定,代代相传,墨子是第一代钜子。

墨子塑像

在整个战国时代,孔子与墨子享有同等的盛名,并称为"孔墨显学"。到了西汉中期,儒家被定为"独尊"(详见本书第十一章),而墨家则逐渐衰微。但是,墨家精神并未失传,一直在中国民间的社会底层流传着。墨子的思想保存在《墨子》一书中,《墨子》是墨子本人及其后学的著作总集。概括起来,墨子的哲学思想主要包括以下几个方面。

一、兼相爱、交相利

墨子主张"兼相爱"。"兼爱"是墨子思想的中心,也是墨子一生从事政治和学术活动的归宿。所谓兼爱,讲的是天下的每个人都应该同等地、无差别地爱一切人。

墨子对当时社会的动乱情况进行了总结,认为国家之间的征战,人与人之间的争斗,其实都是由相互之间"不相爱"而产生的。而医治的药方,就是"兼爱"。墨子要求人们要用力去帮助他人,有财的要把财分给他人,有道的要用道教育他人,从而建设一个民众平等、互助的"兼爱"社会。

钜子训士图

中国古代哲学

墨子的兼爱与孔子的仁爱有相通的地方，即两者都肯定了人道（仁爱）原则。但区别也是很明显的。通常认为，孔子的爱并不施于小人，更不施于奴隶。而墨子则认为，即使对低贱的人，也要实行"兼爱"的原则。墨子的思想具有较多的平等色彩。这反映了广大平民对殷周以来的等级制度的不满，也是位于社会下层的小生产者对自身利益的一种保护。更为重要的是，"兼爱"与孔子之后的儒家所强调的"爱有差等"的思想是直接对立的。儒家主张把对待父子、兄弟、朋友的方式推广到其他陌生人身上，说先要尊敬自己家的老人，再推广到尊重别人的老人；先要爱护自己的孩子，再推广到爱护别人的孩子。这种推广是在爱有差等的原则基础上进行的。墨子则反对儒家所强调的社会尊卑等级观念，主张完全的博爱。后来的孟子抨击墨子，说他提倡"兼爱"，是心中没有父亲的表现、就如同禽兽一样，也正是针对这一点而言的。与此相联系，墨子也反对礼，认为儒家的礼制正是维护社会不平等的根源，所以墨子在政治上要求打破君臣父子的上下尊卑和传统的宗法等级制度的束缚，反对选拔人才时只选跟自己关系亲密的人，主张以才能作为衡量人才的标准（即后文的"尚贤"）。

墨子为什么要提倡兼爱？兼爱的目的是什么？墨子回答说，因为"天下兼相爱"，就可达到"交相利"的目的。在墨子的思想体系中，"利"是一个核心概念。由于他特别强调功利，所以有的研究者甚至直接称墨子哲学为"功利主义①的哲学"。墨子把利作为衡量一切

---

① 功利主义　道德哲学中的一个理论。主要哲学家有约翰·史都华·米尔（John Stuart Mill）、杰瑞米·边沁（Jeremy Bentham）等。功利主义提倡追求"最大幸福"（Maximum Happiness），不考虑一个人行为的动机与手段，仅考虑一个行为的结果对最大快乐值的影响。能增加最大快乐值的就是善；反之就是恶。在功利主义哲学中，对幸福的促进成为判断人的一切行为的标准。

事物价值的标准,所有一切活动,凡是对于人民物质生活有好处的就提倡,反之则一律反对。

墨子还用"利"对儒家的中心观念"仁义"作了新的解释。关于仁,儒家认为仁是从人性内部自然地发展出来的,强调的是人内在的道德自觉性,它并不主动关心权益和报偿的问题。而墨子则认为,所谓"仁"必须求天下之利,除天下之害,强调行动上物质上要对人有利。这是包括"仁"在内的一切道德行为的目的,离开这个目的,就不能叫做"仁人之事"。关于义,儒家重义轻利,认为义是主要的,利益应服从于义,甚至舍生取义也在所不惜。墨子则认为仁义之所以值得倡导,正在于它的价值就是对人有利。反对把仁义与利益割裂开来,主张"义利合一"。

二、天志、明鬼与非命

人们也许会问,为什么要"利天下"?利天下与我有什么相干?墨子的回答是,如果对天下有利,也就是对每个人有利。爱人、利人的人,别人也就会相应地爱他、利他;同样,害人、对别人作恶的人,别人也就会相应地害他、对他作恶,善有善报,恶有恶报。但很多人在现实生活中常常看不到这种情况,甚至终其一生中还没有发现这种实例,怎样说服这些人呢?于是墨子就请出了天帝鬼神。

在《墨子》中有几篇专门讲"天志"、"明鬼",肯定天有意志和鬼神的存在。墨子说,"天"或"天帝"的意志是要一切人彼此相爱,天下无论大国小国、长幼贵贱,都是天的属国和天的臣民,国与国、人与人都是平等的,所以谁也不应该压迫谁。天监督着所有人的言行,人们必须要顺从"天志",顺天意者必得赏,反天意者必被罚,即使是天子也不例外。天的意志成为了人间最公正的裁判者和实际的威慑手段。除了天帝还有鬼神,天帝是鬼神的统帅。鬼神远比圣人聪明,奖赏善人惩罚恶人,有无比的威力。所以统治者行事必须要谨慎小心,不然便会受到鬼神的惩罚。墨子论证鬼神的存在,其实只是利用当时人们的迷信心理来达到自己的政治目的,而并不是对超自然有什么真正的兴趣。

墨子在倡导"天志"和"明鬼"的同时,又主张"非命"。墨子是第一个对"天命论"提出怀疑与批评的思想家。他认为,社会是安定还是动乱,是进步还是退步不是由"命"决定的,而是统治者的变化导致的。所谓"命"的概念,实际上是统治者用来迷惑民众的。社会政治的好坏与天命无关,而在于人为,所以像孔子那样"畏天命"是没有什么好处的。墨子提出了"强力"的概念来与天命抗衡。他注重人力的作用,认为人可以以强力战胜天命。人的寿夭、贫富、安危等等不是天命决定的,而是由人力决定的。人经过自己的努力,可以达到长寿、富贵和安宁;如果相信命运,不去努力,就必然得到相反的结果。

三、尚同尚贤

尚同尚贤是墨子的基本政治纲领。

"尚同"首先是墨家团体的组织原则,即统一思想、统一意志、统一行动、绝对服从。墨子将"尚同"推广到天下,以天子为天下的最高长官,天子的职能在于统一全国的思想,这样才能为所有的民众谋取利益。在墨子看来,国家之所以产生,是因为之前的社会处在一个"自然状态"之中,人们的思想不能相互统一,非常混乱。因此,要制止天下动乱,就必须有一个天子顺应天意而产生,按照神的意志设立各级政府,所有的臣民都必须绝对服从统治,逐级与上级长官保持一致,最后上同于天子,以天子的是非标准作为自己的是非标准。从天子到各级官吏再到普通老百姓,在这宝塔式的层级结构中一层层地建立绝对的统治权。墨子的"尚同"思想实际上体现了人们在混乱的政治局面下渴望中央集权的心态。

为了保证这种理想的政治状态的实现，墨子提出为政之本是"尚贤"，即任用官吏要重视才能。他打破旧的等级观念，主张"做官的不是永远尊贵，而人民并非始终低贱"。他反对贵族的世袭特权，主张"不分贫富、贵贱、远近、亲疏"，不管是务农、做工还是经商的人，只要有能力，就可以给他重要的职位，丰厚的待遇。墨子的这种平等思想直接冲击着西周以来的宗法礼制传统。

四、三表法

三表法是墨子认识论的主要内容。

墨子重视经验方法，他判断事物的根本依据是人的感官。所以凡是亲眼看见听见的，他都判定为真实存在的。以此为出发点，墨子的"非命"、"明鬼"的主张都是以他的感觉经验作为认识论基础的：既然谁都没有见过"命"这个东西、没听到过"命"的声音，命自然是不存在的；但大家都说见过或听说过鬼神，鬼神当然也就成为真实存在的了。这表明墨子经验论的局限性，表明了其夸大感觉经验，将感性经验绝对化的弱点。

在重视经验方法的基础上，墨子进一步提出了认识的来源及其判断标准的"三表"法。"表"即标准，这样的标准共有三条，第一，上要根据古代圣王的事迹，这是讲历史经验；第二，下要考察百姓耳闻目睹的事实，这是讲感觉经验；第三，要根据体现于行政法规中的国家与百姓的利益，这是讲实际功效、实践检验。而这三条中又以第三条最为重要，国家百姓之利是墨子制定一切价值的标准。从小的方面来说，在日常工作中，对人有利的才叫精巧，相反，对人无利的就是笨拙。从大的方面来说，我们在上文谈到，利也是判断兼爱是否值得提倡的主要标准。他对非命、明鬼等的论证，可以说也都是他的"三表"法的实践。"三表"强调以感觉和实践经验作为检验认识正确性的标准，可以说是中国"实践论"的初始形态，在中国认识论史上具有重要的意义。

墨子的"三表"法也有其局限性，如在《非命中》提出"三法"之一是"考之天鬼之志"，把天、鬼的意志也作为重要的考察依据，说明墨子的认识论还带有神秘的宗教色彩。

第二节　后期墨家

墨子死后，墨家发生分化。所谓后期墨家是指墨子以后由他的弟子和再传弟子所组成的学派。他们的活动大概开始于孟子、庄子时代，结束于荀子、韩非时代。在《墨子》一书中，《大取》、《小取》等六篇就是后期墨家的著作，合在一起可称为《墨辩》。《墨辩》记录总结了春秋战国时期关于手工业方面的许多重要知识，并大量讨论逻辑学和力学、光学、声学、代数、几何等内容。《墨辩》不是一人所作，也不是在一时完成，而是经过长期积累，逐渐形成的，最后成书时间大约在公元前三世纪的战国后期。

在哲学思想方面，后期墨家修正与发展了墨子的学说，这在许多方面有所表现。例如，后期墨家除肯定感觉经验在认识中的作用外，也承认理性思维在认识中的作用，对前期墨家的经验主义倾向有所克服；后期墨家几乎不提墨子的"天志"、"明鬼"，甚至近乎否定天帝，不承认天能赏善罚恶，认为这都是人为的事；他们扬弃[①]了墨子

[①] 扬弃　含有抛弃、保留、发扬和提高的意思。指新事物对旧事物的否定不是简单地抛弃，而是克服、抛弃旧事物中消极的东西，保留、继承以往发展中对新事物有积极意义的东西，并把它发展到新的阶段。

"君权至上"的观点,用类似于社会契约的观点,主张君臣百姓应该按共同约定的名分、制度来办事,以天下大义为标准实现思想的统一,这就大大动摇了君权的地位。所有这些内容都表明后期墨家把墨子的理论向前推进了一大步。

后期墨家除了贡献给世人丰富的思想材料之外,他们在自然科学与逻辑学上也取得了突出的成就。

一、对自然科学的认识

构成后期墨家的那些成员,多数是从事个体生产的手工业者及知识分子。他们有较广泛的生产技能和自然科学知识,所以即使对自然科学的认识缺乏系统,但提出的一些思想却是很有价值的,为所谓"中国古代无科学"的观点作出了反证。

后期墨家在自然科学方面的成就突出地表现在光学、力学及数学上。

光的直线传播原理在中国古人的生活中不断地被重复、被感受,但直到后期墨家那里,才有了合乎科学的说明。他们做了一个著名的实验,在一间黑暗小屋向阳的墙上开一个小孔,人对着小孔站在屋外,在阳光的照射下,屋里相对的墙上就出现一个倒立的人影。这可以说是世界上最早的"小孔成像"实验,借助这一实验,后期墨家科学地说明了光的直线传播原理,这一原理与后人发明使用照相机的原理基本一致。后期墨家还利用光的直线传播原理解释了物体和投影的关系。此外,还用铜镜对镜子成像的原理进行了深入的研究,提出了平面镜、凹面镜和凸面镜的成像的理论。

同时,后期墨家从一些事物的研究中,抽象出一些有意义的力学问题。对在春秋战国时期人们常常使用的杠杆、衡器这类生产工具,《墨辨》不仅清楚地叙述了种种杠杆实验的结果,更难能可贵的是对这些实验做了正确的解释。如认为杠杆的平衡既取决于杠杆两端的重量,又与重臂和力臂的长短有关,从而对力和力矩概念作了合乎科学的规定。此外,后期墨家已经认识到了浮力原理,对浮力同重力的平衡关系作出了定性、定量的描述。他们认为,形体大的物体,在水中沉下的部分浅,是因为物体重量被水的浮力平衡的缘故。

另外,后期墨家对一系列几何概念加以抽象概括,进行科学的限定,这表明我国在战国时期就已经产生了理论几何学的萌芽。例如他们说"平"就是同样高低;三点共一线就是"直",这是直线的定义;当两直线的两个端点正相吻合时,两直线长度相等;"圆"对中心一点的距离等长,这与现代数学对圆下的定义基本相同。此外,后期墨家还提出了"端"、"尺"、"区"、"穴"等概念,大致相当于近代几何学上的点、线、面、体。

墨家所具有的丰富的自然知识,大大扩充了它的哲学内涵,在百家争鸣中有着独特的作用,尤其是他们所注重的实验手段,他们对生产实践进行科学抽象的方法,拓宽了古代人的视野,开辟了有利于哲学发展的新途径。可惜的是,后期墨家的这些成就并没有得到理想的继承与发展。

二、对逻辑学的贡献

《墨辩》是后期墨家的著作,这是"墨辩"的一个意思,它的另一个意思指的是墨子后学中从事论辩的学派。他们积极参与了当时许多重要问题的争辩,在辩论中建立了形式逻辑的理论体系。后期墨家逻辑中包括名、辞、说三种基本的思维形式和由故、理、类三个基本范畴构成的逻辑推理。

名、辞、说大体相当于西方传统逻辑中的概念、判断和推理。在墨家逻辑中,名即概念是反映客观实在的思维形式;辞即判断是人们对客观事物有所断定的思维形式;说就是从已知前提到结论的思维过程。它既可以是推理,也可以是论证,因此,把"说"称为"推论"更为合适。"名"组成了"辞","辞"通过"说"揭示了其理由、根据,就能说服别人。

后期墨家还对"故"、"理"、"类"等古代逻辑思维的基本范畴作了明确的定义。认为故、理、类三者是命题成立的充分条件,提出论断要有根据即"故";在阐述论断时一定要遵守规则即"理"来推理;任何一种形式的推理都要遵循事物间的类属关系即"类"来进行。

后期墨家关于逻辑的理论,还谈到了很多有意义、有价值的思想,譬如,后期墨家把"故"分成"小故"与"大故"。"小故"是说有了某个原因或条件,不一定产生某种结果,但没有这个原因或条件则肯定不会产生某种结果;"大故"是说有了某个原因或条件就一定产生某种结果,而没有这个原因或条件就一定不会产生某种结果。这一区分,实际上就是形式逻辑对必要条件与必要充足条件的区分。再比如后期墨家讲"异类不比",意思是性质上不属于一类的事物不能进行比较推论,像木头就不能与黑夜比长短;同样智慧与粮食不能比多少。这种可比与不可比的问题,就是形式逻辑十分强调的问题。反之,我们也可以从中推断出这样的意思——能够进行比较、推论的事物,必然属于同类,其衡量的标准也必须相同。另外关于"正名"的看法也是很有道理的。他们认为,正名就是要分清彼此,如果以彼称此,或者以此称彼,就会混淆彼此,名与实缺乏对应。所以对彼此不能持"两可"的观点,牛就是牛,马就是马,不能说它可以是牛,也可以是马。这种正名的观点,就是形式逻辑的同一律问题。

由上可见,后期墨家对逻辑的思考是全面的。他们以经验事实为基础,应用形式逻辑的方法讨论问题,进入到人的概念世界,试图创造一个认识论和逻辑学的纯系统,使墨学系统化了。这是中国古代其他各家所不及的。也正因为如此,先秦的名辩之学到了后期墨家手中才真正达到完善,成为与古代希腊亚里士多德的"逻各斯"(逻辑)和古代印度的"因明"①并列的三大逻辑系统。

> 🌸 **思考题**
>
> 1. 墨子的"兼爱"和孔子的"仁爱"有哪些异同?
> 2. 墨子把"利"作为衡量一切事物的标准,你怎么看待这个问题?
> 3. 谈谈后期墨家对墨子学说的发展。
> 4. 你如何看待"中国古代无科学"的观点?

---

① 因明　指古印度的逻辑学。"因"指原因、根据、理由,"明"义为学术。因明即关于逻辑推理的学说,随佛教传入中国。

第六章　老子　庄子

在中国思想史上，除了儒家之外，最有影响力的学派就是道家了。可以说，道家是百家中唯一能够与儒家分庭抗礼的派别，二者共同构成中国哲学思想史上的两大主干。老子和庄子是先秦道家哲学的主要代表。其中老子是道家的开创者，庄子则继承和大大发展了道家哲学。如同儒家学说又称"孔孟之道"，道家学说也被称为"老庄学说"。

道家的思想，最初反映了孔子所谓的"逸民"的思想。"逸民"指的是战国时期的"隐士"。他们对新兴地主阶级的统治不满，在思想上不认输，政治上不合作，逃避社会，居住在偏僻的地方，不愿做官。这些"逸民"可以说是道家的前身。

道家把"道"作为思想的核心，道家也因此而得名。道家认为"道"

老子像

中国古代哲学

是宇宙的本源，也是统治宇宙中一切运动的法则。"无为"被道家认为是"道"的重要特征之一。道家认识到任何有目的的行为都可能使行为本身产生偏差，主张凡事都要顺应自然规律和社会法则，不要设立目的，不要心存欲望，也不要凭主观愿望任意行事。"无为"的态度既可用于政治，也可以用于修身。

总的来说，儒家学说可以概括为"入世①的哲学"，道家学说可以概括为"出世②的哲学"；儒家是"伦理主义"，道家则是"自然主义"；儒家是积极的，道家则是消极的。在学术上，道、儒两家互为补充，有"儒道互补"的说法。在自然科学例如化学、医药和气功等方面，道家的影响远远超过儒家；儒家思想在平民中，在一般的君臣中，影响较大；就理论思维水平而言，道家思想更为深刻。但在另一些方面，例如在治理国家方面，道家学说则远不如儒家。

后代知识分子讲"入世则儒，出世则道"，在志向抱负能够得到顺利施展时就读书求官，追求"修身齐家治国平天下③"的儒家理想；当世道黑暗时，则远离尘世的喧嚣，把感情寄托在山水之中，追求精神的逍遥。可以说，儒道两家共同构成传统读书人的精神世界。尤其是在一些著名的文人，诸如屈原、李白、白居易、杜牧、苏东坡等等那里，道家精神影响的痕迹极为鲜明。

---

① 入世　入世哲学主张积极投入到社会之中，努力发挥自己作为社会中一份子的作用。这是儒家提倡的处世态度。

② 出世　出世哲学主张抛弃社会，抛弃被物质败坏了的世界，这样才能得到精神上的最后的解脱。这是道家提倡的处世态度。

③ 修身齐家治国平天下　出自儒家经典《礼记·大学》，意思是以自我完善（修身）为基础，通过治理家庭（齐家），治理国家（治国），最后达到平定天下的目的。自古以来，"修身齐家治国平天下"就是具有儒家思想传统的知识分子的最高理想。

第一节　老子

老子，相传是先秦道家学派的创始人，后被道教神化为"太上老君"，奉为教祖，成为道教最高尊神之一。但老子到底是什么时候的人和《老子》一书的本来面目是什么，一直存在着较大的争议。

老子究竟是谁，司马迁在写《史记》时已经弄不清楚了。他举出了三个人，老聃、老莱子①、周太史儋②，而不能肯定到底是谁。

在先秦思想家中，老子可能是最神秘的人，就像孔子在与老子交谈后所说的，老子是一条看得到头看不见尾的、能乘风驾云而上天的龙，《神仙传》还把老子当成仙人，所以后人也没有完全弄清楚老子的本来面貌。一般通行的说法是，老子是老聃，姓李，名耳，楚国人，生卒年不详，曾做过东周王

太上老君图

---

① 老莱子　楚国人，春秋晚期著名思想家，"道家"创始人之一。有人认为老莱子就是老子。
② 周太史儋　战国时人，周烈王（前375年—前369年在位）时任史官。有人认为周太史儋就是老子。

朝掌管图书的史官。他见闻广博，据说孔子还曾向他请教过周礼。

老子的书叫《老子》。现今流传的《老子》，分《道经》、《德经》两篇，汉以后又合称为《道德经》。尽管对该书作者还没有定论，但根据对"郭店楚墓竹简①"这一最新的考古发现的研究，目前比较一致的看法是，《老子》成书的年代大约是战国初期，大体上反映的是战国初期道家的思想。

老子的哲学是中国哲学中最早而又有系统的思辨哲学的理论。与儒、墨等家将其立足点放在社会现实和人生来建构自己的理论观点不同，老子更为关心客观世界或事物的更为一般的性质，关注实际世界之外的抽象层面的世界。概括起来，老子的哲学思想主要包括以下几个方面。

一、无名之道

如果分别用一句话来概括孔子和老子的学说，可以认为，孔子贵"仁"，而老子贵"道"。

"道"本来的意义是指人行走的道路，以后又引申出规律法则的意思。譬如，古人看到太阳东升西落是按照一定的路线行走的，于是就把太阳在空中行走的路线叫做"黄道"；由于道路可以通天下，道又引申为指天下万物的统一性，所以道是一个相当复杂的概念。在春秋末期，人们已经用"道"来表示抽象的自然天象的运行规律、人类社会的行为准则，如"天道"、"人道"等。而《老子》第一个将"道"进一步抽象提升为哲学的最高范畴。

在老子那里，道被描述为混沌未分的原始状态、原始的材料、自

---

① 郭店楚墓竹简　指1993年于湖北荆门市郭店村战国楚墓中出土的700多枚竹简文献，共有包括《老子》在内的先秦儒道两家典籍与前所未见的古代佚书18篇。

然界的运动、事物的客观规律等等。《老子》开篇第一章就给人一种神秘的感觉，它说，可以言说的"道"，就不是那不变的永恒的道；可以言说的"名"，就不是那不变的永恒的名。由此可见，老子认为要用语言来讲清楚他的"道"是有一定难度的。道恍恍惚惚，迷离不定，"看它看不见，听它听不到，触摸、抓取它也不可得"，"道"是难以用感觉经验加以把握的。

为了充分论述"道"与"物"的关系，老子又进一步提出了"有"与"无"这对概念。《老子》中有一句名言："天下万物生于有，有生于无。"用"无"来说明道是老子的特点，因为在老子以前，道已经成了一个常用的概念。在这里老子实际上是用"无"来代表"道"，用"有"来代表"物"，"道"或"无"较之"物"或"有"来说更为根本。为了直观地强调"无"的重要，老子又用人们的日常生活经验来打比方。器皿、房屋等的中间都是空虚的，都是"无"，也正因为如此它们才能发挥作用。"无"虽然不能直接感知，但器用给人带来的便利，是依赖于"无"才可能的。

在道家体系中，"有"与"无"的区别实际上就是"有名"与"无名"的区别，因为"有"、"无"就是"有名"与"无名"的省略，所以老子又说，无名天地之始，有名万物之母。这就清楚地交代了道的本原性质，把道作为宇宙生成的最终根源，作为万物产生的起始。按照老子的说法，有一个先天地而生的混沌一体的东西，它无声无形，独立自主，不受任何支配，不停地循环运行，是天下万物的本原。它囊括一切，无所不包，没有任何存在可以与它平起平坐，它绝对地高居在其他一切之上。但我们无法给它取一个与之相符的名字。因为道无名，所以不可言说，现在人们将其称为道，也实在是无可奈何的勉强的办法。由于老子关心超越经验与语言的道，而不是具体的事物与现象，所以对语言能否有效地反映对象持否定、怀疑态度，但人们总得对道说些什么，这就需要有一个代号，道这个名字就这样产生了。道与日常的称呼不同，指桌子为桌子，是因为桌子有它的属性，但道却不具备任何属性，它纯粹是一个代号，所以说道是无名之名。

宇宙万物生成的过程是"道生一，一生二，二生三，三生万物"。相对于道这个"无"来说，"一"可以理解为有，说"道生一"等于说"有"生于"无"，"二"和"三"是多的开始。所以，道生万物也就是"无"生"有"，二者表述的是同一思想。总之，道先于物，道生万物；从性质来说，"道"是宇宙万物的本原；从形象状态来说，"道"是虚无。

二、反者道之动

老子认为，万物永远在变，永远可变，人必须从变化中寻找可以作为规律的东西。在他看来，最根本的规律是"反者道之动"。"反者道之动"反映了老子哲学中的辩证法思想，后人将其概括为成语"物极必反"。

老子认为，事物总是由矛盾的双方构成的，并且这些矛盾的双方既相互对立，又相互依存，这是永恒的道理。一个事物总是与其他事物相互比较而存在的，如美与丑、善与恶、有与无、难与易、长与短、高与下、前与后等等。有美就有丑，有善就有恶；而从另一个角度来说，有美才有丑，有善才有恶。孤立的事物本身并不成其为事物，事物自身的价值也是在与他物的相对关系中表现出来的。从这个角度来说，任何一个事物的存在都包含着自己的否定方面，事物的对立面不但相互依赖，而且互相配合、补充，从而更加显现各自的特点。

既然任何一个事物的存在都包含着自己的否定方面，那么事物向自己的否定方面、向相反方向的转化就是合乎规律的运动。道的这种运动论证的就是"反者道之动"的命题。老子说，"事物壮大就会运动，运动就会前进发展变化，前进发展到顶点就会向它的反面转化"。比如树木长得笔直高大就会遭到砍伐；一个国家如果军事力量雄厚，就会用兵逞强，那么就会遭到灭亡的命运。大祸紧靠着幸福，幸福包藏着灾祸，有时事物受到损害却得到了好处，有时千方百计地维护它却反而损害了它。"塞翁失马①"这个成语就很形象地说明了这一点。

老子注意到事物向其对立面转化有一个由小到大、由易到难、由近及远、由弱变强的发展过程，在此基础上他提出了著名的"柔弱胜刚强"的原则，认为新生事物尽管起初看起来是那样的柔弱，但它最终是不可战胜的。也正因为如此，老子"贵柔"，对柔弱一方给予了极大的关注。在老子看来，天下最柔软的莫过于水，但刚强的东西不能战胜它；人快死的时候舌头还在，是因为它柔软；而牙齿却全掉了，是因为它太刚强了。

事物到了极端就会走向反面，如果不知道这个规律而随心所欲，乱来一气，后果不堪设想。老子告诫人们应该按照"反者道之动"这个规律来指导自己的行动。老子认为，你如果要想得到什么东西，就必须放弃一些东西。所以受得住委屈，才能保全自己；经得起冤枉，才能最终申冤；低凹的地方反而能积满水，陈旧的东西反而能出新，少取反而多得，贪多反而会迷惑。一个人只有不和人争，天下才没有

---

① 塞翁失马　　出自西汉淮南王刘安（公元前179—前121）编著的《淮南子》，讲的是一位被称为塞翁的老人，一天他的马迷了路，回不来了。邻居们都来安慰他，可塞翁却说"这怎么就不会是一种福气呢？"后来，那匹马带着一匹好马回来了，人们都来祝贺他。塞翁又说："这怎么就不能是一种灾祸呢？"果然有一天，塞翁的儿子骑马，从马上掉下来摔断了大腿，人们都来慰问他。塞翁说："这怎么就不能变为一件福事呢？"过了一年，敌人入侵，塞翁家乡的青壮年男子都要去打仗，死了十分之九。塞翁的儿子因为腿瘸不能打仗，父子俩都保住了性命。这个故事说明好事与坏事都不是绝对的，在一定的条件下，坏事可以引出好的结果，好事也可能会引出坏的结果。

人能和他争。在这里不能产生误解，以为老子与当时被普通接受的"争"这一时代精神相违背。其实，老子的不争是为了从根本上赢取争。老子又谈到，想要收敛它，首先应扩张它；想要削弱它，首先应增强它；想要废弃它，首先应使它兴起；想要夺取它，首先应给予它。这其中就有一些权术阴谋论的味道了。

三、无为而治

中国古代思想家对于社会国家的治理的基本态度，主要表现为儒家的"有为"和道家的"无为"。无为的思想由老子首先提出。

"无"为经常被人翻译成"no action"，意思是不要行动，其实无为并不是要人们完全无所作为，而是说不能违背事物自身的规律而任意地作为。在老子看来，所谓"为"就是指人为，它是一种意识或意志的表现。而道既然是自然界的运动、事物的客观规律，那么它是自然的，因此它也就是无为的，没有任何意识的。无为是自然的一种根本属性，道就是按照无为的样式来运行的。

同样的道理，人道也应是无为的。一个人如果"为"得太多，做过了头，效果就适得其反，就变得有害无益，所谓的画蛇添足、过犹不及讲的都是这个道理。用无为的观点看，一个人应该把自己的作为严格限制在必要的、自然的范围内。"必要"反对的是过度，"自然"反对的是人为，"无为"要求人们首先要"知足"，人知道满足就不会遭到侮辱，知道停止就不会遇到危险，人最大的祸害就是不知足。"无为"的基本精神就是不能将世界的任何一个成分作为自己的追求对象。第二要"寡欲"，人有欲望很危险，因为看多了颜色会使人眼睛瞎，听多了音乐会使人耳朵聋，吃了各种各样的美味会败坏人的口味，骑马打猎寻求刺激会使人发狂，不可多得的财物会使人干坏事，所以人的内心要纯朴，只要让肚子吃饱，身体健壮，别的什么都不要管。第三要"弃智"，这里的"智"指的是知识和智慧。知识也是欲望的对象,是人们实现欲望的手段,知识使人们不满足现状,文明、欲望或种种社会危机都是由于智慧的发展造成的。对统治者来说,人民之所以难以统治,就在于他们拥有了过多的智慧。所以人应该放弃知识,放弃智慧。最后是"抱朴","朴"的本义是天然的、未加工的木料,"抱朴"的意思是回归朴素、无知的境界,回归婴儿的状态。孩子只有有限的知识和欲望,他们距离原有的"德"还不远。他们的淳朴和天真,是每个人都应当尽可能保持的特性。因此老子提倡放弃才智和强力,人人拥有一颗赤子之心。

  以上是针对个人说的"无为",作为国家也应该要"无为",这就是老子提倡的"无为而治"的政治思想。道家接受儒家关于理想的国家是圣人当政的说法,但对什么是圣人有不同的看法,他们认为,圣王的职责就是不做事。天下大乱,不是有许多事情没有做,而是做的事情太多了。老子说,天下禁令越多,老百姓就越穷;民间武器越多,国家就越混乱;民众越聪明,坏事就越会发生。因此,圣王要做的第一件事就是废除这一切。消除智慧,抛弃聪明,民众就会幸福;抛弃仁义,民众才能回复到子女孝顺父母慈爱的状态;抛弃珍贵的财物,盗贼也就自然而然地消失了。就社会而言,最理想的是小国寡民。他以尚未进入农业阶段的氏族社会①为理想社会,要人们分散居住,形成许多小国家,人也很少,用不着器物和工具,也不需要文字。人民永远定居在一个闭塞的小天地里,不与别国交往,人与人之间也是老死不相往来。老子所幻想的理想社会具有典型的空想色彩,并且具有明显的原始性质。但是它对后来许多思想家的确又产生过深远的影响。

---

  ① 氏族社会 指以血缘为纽带结成的、由共同的祖先繁衍下来的社会基层单位。他们居住在一起,使用公有的工具,共同劳动,共同分配食物,没有贫富贵贱差别。中国的氏族社会产生于距今约1万年前,大概公元前3000多年前结束。

中国古代哲学

"无为"是针对"有为"而言的，老子反对"有为"，认为"有为"就是造作，就是虚伪，其直接意义就是反对儒家提倡的礼乐制度，反对以仁义礼智、道德法令等手段去规范和稳定社会秩序。在他看来，这些治理社会国家的手段，其实正是造成国家社会动乱的根本原因。道家哲学的长处或最大特色，就在于能看到事情的另一面，这可以说是"反者道之动"在社会政治思想中的表现。

第二节　庄子

庄子是老子之后道家的一位主要代表。由于他在多方面推进了老子的学说，在当时已经有很大影响，有研究者称他"可算是先秦的最大的道家"。所以后来人们将他与老子并称为"老庄"。

现在知道的关于庄子的材料不多，主要根据《史记》和战国时期某些著作的零星记载。庄子（约公元前369—前286）姓庄，名周，宋国人。他的朋友不多，门徒有限，当时学术界的名人中只有惠施（详见本书第八章）同他经常往来，进行辩论。他曾做过管理漆树种植园的小官,不过没有做多久就辞官隐居了。在先秦哲学家中,庄子可以算是最穷困潦倒的了。他曾靠编草鞋过日子,穿着补了又补的破衣服,草鞋上的带子也是断了再接的,饿得面黄肌瘦,有时不得不向人家借米救急。尽管如此,庄子又表现出极其高尚的人格,不因为贫困而改变自己的原则。自己愿像条小鱼,在水中自得其乐,他曾谢绝楚王请他作高官的聘请,就好比乌龟,自己情愿做一只摇着尾巴在烂泥里生活的活着的乌龟,也不愿意被人杀掉以后,龟壳被当作宝贝,用锦缎包好、放在竹盒子里珍藏在宗庙之中。在另一个故事中,庄子把自己喻为高洁的凤凰,而惠施所任的梁国宰相这一高位就像腐烂的老鼠一样不值一顾。

庄子的学术思想比较完整地保存在《庄子》一书中,包括内篇7篇、外篇15篇和杂篇11篇。一般认为内篇为庄子所著,外篇、杂篇可能掺入了其弟子与后学的思想。《庄子》一书富于形象思维,有很强烈的浪漫主义色彩,常假托故事人物,用神话、寓言来阐述道理和主张。在《庄子》中我们可以看到人与鱼的对话,河与海的交谈……庄子想用"神话"这种方式来暗示,书中要说的是不能直接说的,不能按字面意义去理解他想说的东西。庄子的书不像《论

庄周梦蝶

语》、《孟子》，写出来的就像家常话那样好懂，他习惯用胡话、反话来表达自己的思想，初看起来好像很荒诞，细想却有它的道理。

概括起来，庄子的哲学思想主要包括以下几个方面。

一、道在屎溺

在中国哲学史上，老子最早提出了"道"这一哲学概念。庄子继承了老子的思想并有所发挥。

庄子和老子一样，认为世界万物是由道产生的。他认为，"道"没有任何形象但又无所不在，而且在时间空间上都是无限的、永恒的。但"道"并不是一个有意识的造物主。因为庄子同样继承了老子的另一个重要思想，即天道自然。在庄子看来，万物变化多端，但并没有一个"真正的主宰"即上帝存在，表现出无神论的精神。但老子将道与"无"相联系，从而以为"道生万物"也就是"无生有"的观点，庄子却并不认同。在庄子看来，"有"与"无"都是无法确切定义的，不能把"无"作为宇宙的开始。因此庄子论宇宙的生成也就只讲"道"而很少谈"无"。

同时，庄子又讲"道在物中"，道其实并不是存在于事物之外的，而是就存在于事物之中，这是老子不曾阐述的思想。当时有个叫东郭子的人问庄子，你经常说的道在什么地方？庄子的回答是"没有道不在的地方"。东郭子又接着一再追问，道究竟在哪里？庄子就回答说："在蝼蛄与蚂蚁的身上"、"在小米与稗子里面"、"在瓦片与砖块之中"、"在大小便里"（"大小便"即"屎溺"）。这就是著名的"道在屎溺"的命题。庄子这一似乎越来越不对头的回答有他的道理，他认为，道没有什么神秘的，只有把道说得低下些，才能显出道的无所不在。同时，道与物之间又是没有界限的，"道"不能离开具体的"物"独立存在，道与物之间是一种共生共存的关系。

从另一个角度来说，道为"全"而物为"偏"，道产生万物，而物不过是变异的形影，是道的表现。万物有形，物和物之间，一种形影可以生成转变成另一种形影，所以万物可以形成，也可以毁损。而道是无形的，所以道无所谓形成也无所谓毁损。道是绝对的全，从道分出来的每一具体事物都是偏或不全。某一事物的出现是"成"，但同时对另一事物来说就是"亏"，成与亏如同弹琴，声音的出现表明有些音调成了，有些音调却遗漏了，有成亏才成音乐，无成亏就无声音。

二、万物一齐

世界上的万事万物都是有区别的，对一般人来说，这是常识。鲲鹏[①]与小鸟相比，它们形体不同，飞翔的高低、远近也不同，人有胖有瘦，树木有大有小。但这只是低层次的看法，这些看法往往是由人的主观所决定的。如果站在道的高度来看世界，就可以发现一切事物的区别都是不存在的，这也就是庄子说的"万物一齐"。《庄子》一书中有《齐物论》篇专门阐述这个观点。

庄子认为，要懂得"万物一齐"，必须根据"道"的观点来看事物，不能用物来观察物。否则就好像井底之蛙，只看见一小块天，就以为天只有那么大。

庄子的这一观点是其相对主义思想的体现。庄子认为事物具有相对性，眼前事物的大小粗细，和无限的宇宙比起来就显得毫无意义。因为大有更大，小有更小，一切又都在流动变化之中，物与物之间并没有凝固不变的界限。所以，天下任何一样东西都可以称为是大的，因为总有比它更小的东西，因而相对于一切比它小的物质世界来说，

---

① 鲲鹏　《庄子·逍遥游》中说有一种巨大的鸟叫鹏，是从一种叫做鲲的巨大的鱼变来的。这种神话中的动物就是鲲鹏。

鸟兽秋天生的细毛也可以说是最大的；天下任何一样东西都可以称为是小的，因为总有比它大的存在，从这点看，相对于一切比它大的物质世界来说，泰山也可以说是最小的。这是从大小或空间角度来解释相对主义思想。不仅空间是相对的，时间也是相对的。天下任何东西都是长寿的，因为总有比它活得更短的，相对于比自己短的来说，夭折的婴儿也是天下最长寿的了；天下什么东西都是短命的，因为总有比它长寿的，相对于比自己长寿的来说，传说中活了八百多岁的彭祖也是短命的。因此一切大小寿夭等等完全是相对的，没有物不大，没有物不小，没有物不长寿，没有物不短命，要看拿什么来作为参照物了。正因为万物都是相对的，因而才有了大小寿夭的差别。如果没有参照物，就谈不上大小寿夭了。

　　万物虽然不相同，但有一点是一样的，它们都是由道而生，都可以统一为一个整体。如同一个循环无尽的圆圈，万物成了在圆圈上运动着的一切，而道则是圆心。道是绝对的，独一无二的，从道的观点看事物的人，就好像是站在圆心上。他理解在圆周上运动着的一切，但是他自己则不参加这些运动。这不是由于他无所作为，听天由命，而是因为他已经超越有限，从一个更高的观点看事物。

　　要做到万物一齐，首先必须做到"齐物我"。所谓"齐物我"，即"天地与我并生，而万物与我为一"。意思是，人也是物，人和天地万物一样同生于道也同归于道，它们之间是齐一的。庄子《齐物论》中记载了"庄周梦蝶"的寓言故事，大意是庄子有一天做梦，梦见自己变成了蝴蝶，梦醒之后发现自己还是庄周，于是他不知道自己到底是梦到庄周的蝴蝶呢，还是梦到蝴蝶的庄周。在他看来，庄周与蝴蝶没有什么分别，他们都只是一种现象，是道运动中的一种形态，一个阶段而已。从道的观点看，物我没有差别。因此没有必要追问谁是庄周，谁是蝴蝶，应该物我两忘，忘记谁是庄周，谁是蝴蝶，让物和我融合在一起。人的最高境界就是忘掉功名利禄等外在的物，也忘掉自我，才能和天地精神往来，进入没有矛盾和差别的境界。

既然万物是一齐的，物我是一齐的，那么此生的我和死去的我也是一齐的，这就是"齐生死"。"生"与"死"在庄子这里，只不过是自然支配下的两种相对的状态。生与死之间，只不过是自然的状态转换而已。既然生是一种状态，死也是一种状态，从道的观点来看，两者并无本质差别。《庄子》书中记述了一个"鼓盆而歌"的故事。故事说：庄子的妻子死了，来吊丧的惠施看见庄子蹲在地上敲着一只破瓦盆，一边敲打还一边唱着歌。于是指责他这样做太不近人情。庄子说："人本来就没有生命，混杂在混沌迷茫之中，慢慢产生了气，气又聚成了人形，人形又变成了生命。现在人死了，只不过是恢复了原来的样子罢了，就像春夏秋冬的循环一样。现在我妻子不过是安睡在大自然之中，我要是在旁边嚎啕大哭，那就是不明白生命的道理了。"庄子认为，人和万物一样，是道在世间的具体体现形式。人的生命与其他一切生命一样，都只是宇宙演变过程中短暂的一刹那，人生与人死没有什么差别。既然生死没有差别，也就没有必要为死亡悲哀。

齐万物的另一个含义是"齐是非"。庄子从相对主义出发，对认识持怀疑态度。《齐物论》举了这样一个例子，泥鳅喜欢住潮湿的地方，但人不喜欢，因为会患腰痛病。猴子喜欢住在树上，但人住在高处就害怕。那到底是泥鳅和猴子的认识对呢还是人的认识对呢？他认为，是非对错的概念都是建立在每个人自己的有限的观点上的，所有这些观点都是相对的。决定是非是不可能的，因为不存在一个客观的、共同的标准。不同的认识者都有自己的标准，因此人们也就无法弄清楚真正的标准在哪里，这就是说，是非是不可知的。你有你的是非，他有他的是非，是非总是讲不清的，甚至连你、我、彼、此也是分辨不清的。从道的观点看，对的同时出现错，错的同时出现对。庄子认为这就是道的枢纽，枢纽的核心被说成是"环"，意思是说，人的认识像开关一样，可以在两者之间随意转动，所以世界上很难分辨正确与错误。因此圣人不计较是非,而只是客观地反映自然之道。

"齐是非"思想的提出有其深刻的现实背景,这就是战国时期出现的百家争鸣。庄子认为百家的争辩,各有各的标准,谁对谁错是永远说不清楚的。庄子对待各家各派的态度是:每种不同的学说都有其正确之处,每一种意见都有其合理性,因此它们都有存在的理由。同时,它们又都有各自的局限性,又都是"小知",只是"道"的一个方面,而决不是"道"的全部。

三、逍遥游

"道"是庄子哲学思想的核心,"万物一齐"是庄子认识世界的根本方法,"逍遥游"则体现了庄子的自由观,是庄子学说的最高理想。所谓"逍遥"是指一种自由自在、悠然自得的没有任何束缚的精神状态。"游"指的是精神活动,精神漫游。"逍遥游"是指人的精神在无限的时空中自由自在地往来,同"道"、天地自然进行交游。在这样的精神活动中,人与自然融为一体,达到与"道"的统一,从而获得绝对的精神自由。

庄子心中的自由是绝对的,不依赖于任何条件的,也就是"无待"的。庄子认为,现实生活中的人都是不自由的,原因就在于他们都"有所待"。所谓"有待",就是指需要依靠外界事物,是指人的愿望、要求的实现要受到自然和社会条件的限制;所谓"无待",就是摆脱对现实的依赖,人的思想、行为不受任何条件的限制。摆脱"有待",达到"无待",才能实现自由,即获得逍遥游,逍遥游也就是无待的自由境界。

怎样才能摆脱有待,达到无待呢?那就要排除一切外界干扰,做到"无功"、"无名"、"无己"。

"无功""无名"指摆脱功名的束缚。所谓功名,包括富贵、权势、名利、金钱、地位等等,其性质是与人相对的"物"。人们在追求功名的过程中往往会"为物所役",成为物质的奴隶。功名一旦成为人生追求的目标,就会束缚人,产生负面作用。《庄子·逍遥游》中记载了这样一则故事,说尧打算把天下让给许由,许由回答说:"小鸟在森林中筑巢,不过占用一棵树枝;鼹鼠到大河边饮水,不过喝满肚子。你还是打消念头回去吧,天下对于我来说没有什么用处啊!"在庄子看来,许由已经做到了不求功名,从精神上超脱了外在物质世界的诱惑。但这还不够,因为他还是以自己的需要为中心去判断衡量事物,还没有做到"无己"。

所谓"无己"就是忘掉自我。不但要忘掉自己的肉体,甚至忘掉一切认识活动,即忘掉人与物,人与人之间的一切差别、界限,那就能达到与天地万物浑然一体、与道融合为一的神秘精神境界,才能在这种神秘的精神境界中获得绝对的精神自由。

庄子的自由观对后代中国知识分子追求逍遥的人生境界产生了重大的影响。

❀ 思考题

1. 谈谈你对儒道两家提倡的处世态度的看法。
2. 举例说明什么是"反者道之动"。
3. 你怎么看待老子的"无为"思想?
4. 关于"道"这一哲学概念,庄子对老子的学说有什么继承和发展?
5. 你怎么看待庄子"万物一齐"的观点?
6. 庄子"逍遥游"的思想对现代人有什么启发?

中国古代哲学

第七章 孙子

春秋战国时期,诸侯之间不断爆发战争。在战争中涌现了一批研究军事理论、从事军事活动的学者,他们总结军事方面的经验教训,研究取胜的规律,并把自己的军事思想编著成兵书。这一类学者,称为兵家。孙子和《孙子兵法》就是先秦兵家的代表人物和代表著作。

孙子姓孙名武,齐国人,生卒年月不详,是春秋后期著名的军事家,后人尊崇为"兵圣"。据《史记》记载,孙武曾到吴国,把自己写的"兵法十三篇"作为见面礼赠送给吴王,得到吴王的重用,被任命为将军。在孙武的严格训练下,吴国军队的军事素质有了明显的提高,最终打败了楚国,成为南方的大国强国。

孙武所著的"兵法十三篇"即《孙子兵法》,简称《孙子》,是中国古代最伟大的兵书,也是现存中国乃至全世界最早的一部有系统的兵书,它由孙子草创,后又经其门弟子加以整理,在战国末期和汉初已经很流行。

《孙子兵法》总结了春秋末年及以

兵圣孙武像

前的战争经验,揭示出一系列具有普遍意义的军事规律,提出了一套完整的军事理论体系,而且其中蕴含了丰富的哲学思想,充满了哲学的智慧。《孙子兵法》在中国被奉为兵家经典,对历代武将、军事战争有很大影响。它也翻译成多种语言,在世界军事史上也具有重要的地位。它的影响甚至远远超过了军事、哲学领域,已经渗透到社会生活的很多方面,对政治、经济、商业、人事管理、运动竞技等领域都有指导意义。

现代研究者一般认为孙子的军事哲学思想是建立在朴素唯物主义的辩证法思想基础之上的,主要表现在以下两个方面。

春秋时期战争场面

一、能动的唯物论

孙子不相信鬼神，强调战争的胜负不取决于鬼神，而是与政治清明、经济发展、外交努力、军事实力、自然条件等因素有联系。这些关系到战争胜败的因素，无论是政治、自然还是人与经济，都是随时随地客观地存在于战争双方的东西。除此之外，其他的诸如鬼神等因素都是不可信的。这就体现了他朴素的唯物论观点。

从上述唯物主义的立场出发，孙子强调尊重客观事实，主张从客观实际出发来确定相应的作战原则。要尊重客观事实，首先就要了解客观事实，要清楚敌我情况。他有一句名言："知彼知己，百战不殆。"意思是清楚敌人的实力和了解自己的实力，战斗就不会失败。强调一个优秀的将领，应该把构成战争的基本要素都了解清楚，例如，敌人能不能打，自己能不能打，以及战争的时机、战争的规律、战术的变化、人的情感因素等等，都是需要掌握的内容。针对这一点，孙子最早在兵法上提出情报的重要性，一方面要用各种方法（包括派间谍）获取敌方军情，同时将自己的军情严格保密，或制造假军情，虚虚实实，诈骗敌方，令敌方信假为真。这样，自己了解了敌人，敌人不了解自己，就能取得战争的胜利。

孙子在强调尊重客观事实的同时，又重视人事，强调发挥人的主观能动性。孙子认为胜利是可以争取的，在争取胜利时，主观因素是重要方面。因为任何战争都要在人的主观指导下进行，主观因素如果发挥不当，战争就难以避免失败的命运。在战争中使用计谋就是人的主观能动性的一个表现，也就是人们常说的"兵不厌诈"。"诈"是欺骗的意思，"兵不厌诈"指作战时尽可能地用假象迷惑敌人以取得胜利。如强而装作弱，能攻而装作不能攻，要打而装作不要打，要向近处而装作要向远处，要向远处而装作要向近处，等等。中国战争史上有很多成功运用这一思想的范例。公元前343年，齐魏两国的军队进行决战。齐军按照军师（官名，主要职责是在军队中出谋划策）孙膑[1]的计谋，制造假象，掉头撤退，在撤退中减少营地做饭的炉灶。第一天有10万人吃饭的炉灶，第二天变成5万灶，第三天减少到2万灶，敌军主将庞涓[2]看到后，以为齐军胆小怯懦，都开小差逃跑了，就把步兵和给养车留在后面，率领战车部队马不停蹄前去追赶，结果中了埋伏，全军覆灭，庞涓拔刀自杀。总之，"兵不厌诈"的要旨就是以假象诱骗和调动敌人，使敌人发生错觉而陷于被动地位，同时自己又不被敌人的假象所迷惑，这样就能依靠主观努力取得战争的主动权。孙子说，善于调动敌人的将帅，伪装假象迷惑敌人，敌人就会听从调动；投其所好引诱敌人，敌人就会受骗上当。用小利去调动敌人，用重兵来埋伏袭击敌人。这些论述充分显示了孙子对主观能动性的强调。

二、朴素的辩证法

孙子认为，在战争中要有全面综合的、有机联系的认识；还要以变化及转化的眼光看问题。《孙子兵法》全书处处体现出朴素的辩证法精神。

孙子认为，打仗要想取胜，首先要全面地了解战争与其他事物间的关系。孙子认为，军事上有五个范畴，一是敌对双方所占有的土地的大小，二是物资资源的多少，三是士兵的多少，四是军

---

[1] 孙膑（？—前316）　战国时军事家，齐国人，本名不详（关于"膑"参见下注）。著有《孙膑兵法》一书，但东汉以后就失传了。于是引起后人的种种猜测，甚至有人说孙膑就是孙武，《孙膑兵法》即《孙子兵法》。1972年，《孙膑兵法》与《孙子兵法》及其他先秦兵书同时从山东临沂银雀山西汉前期墓葬中发现，解决了历史上这一悬案。

[2] 庞涓（？—前342）　战国时魏国人。庞涓和孙膑曾是同学，一起学习兵法。后来庞涓到魏国当了大将军，他因为孙膑的才能超过自己而担心自己不是孙膑的对手。于是庞涓把孙膑骗到魏国，对他处以膑刑（去膝盖骨），这也就是孙膑得名的原因。

事力量的对比，五是战争的胜利。这五个范畴层层相关、环环相扣。在这里，我们可以看出孙子并不是把战争看成是一种简单的敌对双方之间的交手行为，而是把它看成是一种综合因素之间的角力。孙子完全是从一种综合的角度来考察作战条件的，而这恰恰是进行科学决策的基本前提。在《九变》篇中孙子提出了著名的"知（智）者之虑，必杂于利害"的论断，认为明智的将帅考虑问题，总是兼顾到利和害两个方面，在不利情况下考虑到有利的方面，便能提高信心；在有利情况下考虑到不利的方面，就可以避免祸患。强调要从正反两个方面来观察和思考问题，要全面而不要片面地思考问题。

孙子又认为自然界的万事万物都处于永不停息的发展变化之中，体现出其朴素辩证的发展观。孙子认为用兵的规律就像自然现象一样，"四季依次交替，白天有短有长，月亮有缺有圆，永远处于变化之中"。孙子以兵和水相比较来说明作战的变化，战争就像流动的水，时刻处于动态之中，水没有固定的形态，水流因地形而变化，战争也没有固定的格局，随时都处于变化之中。

既然战争在不断变化着，孙子认为，将帅就必须善于应变，作战方式根据战争的变化而变化，才能促使战争向有利于己、不利于敌的方向转化。孙子特别强调战术的灵活性，亦即"奇正相生"。"奇正"是《孙子兵法》中的一对最基本的范畴，所谓"正"是正面对阵的常规战术，"奇"是出其不意袭击敌人的灵活战术。孙子认为作战中正兵和奇兵必须互相配合，通常是用正兵正面对付敌人，用奇兵取得胜利。但奇正之间要不断变化，对待不同的敌人要采取不同的对策，遇到不同的地形要采取不同的作战措施，敌我双方兵力对比不同要采取不同的作战方式，敌情发生变化要随时修改作战计划。总之，要根据不同的时间、地点、作战对象灵活地选择不同的作战对策，采取"出奇兵"或"出正兵"的不同的打法。而且奇正之间的这种转化不是孤立的，一次性的，而是像圆环一样，是无穷无尽的。孙子的这些主张无不包含着丰富的辩证因素。

以上述变化、转化观作为基础，孙子进一步指出了相对立的两个方面往往会在一定条件下相互转化的道理。战争是运动的，战争中的现象是发展变化的，无论敌我、主客、众寡、攻守、强弱、劳逸、奇正、虚实、远近、胜败、进退、治乱、勇怯、生死等等战争中的对立因素，都是互相依存的，并且可以相互转化，一方走到尽头便是其反面的开始。因此将领要注意把握这些对立的因素，促使它们向有利于自己的方向转化。比如敌人的防御就算再严密，也总有弱点。因此，如果避开敌人的主力，攻击敌人的弱点，敌人的主动地位就转化为被动地位了。再比如，战争中的"死地"指的是地形不利，只有拼死一战才能生存、不拼命就只有死路一条的地区。这本来是一个不利条件，但孙子偏说"陷之死地然后生"。把士兵放在一个根本没有退路的"死地"，他们就只能往前，不能往后，拼死斗争，这样反而能够取得战争的胜利。项羽"破釜沉舟"①的战术就是受《孙子兵法》中"焚舟破釜"一句的启发，是"陷之死地然后生"的最好的战例。从"死地"变为"生地"，这是变自己弱势为优势的转化。还有变敌人优势为弱势的转化，敌人休整得好，就设法使它疲劳；敌人给养充分，就设法使它饥饿；敌军驻扎安稳，就设法使它移动。总之，战争的要诀就是变自己的劣势为优

---

① 破釜沉舟　公元前207年，反抗秦王朝的起义军将领项羽与秦军在巨鹿展开大战。一开始形势对起义军不利，于是项羽带领军队渡过漳水河，命令士兵每人只许带上三天干粮，把所有做饭的釜（即锅）砸了，把所有的舟（即船）沉在了河底，把兵营也烧了。士兵们看到锅砸了，船沉了，一点退路也没有了，因此，就都抱着死战到底的决心和秦军拼杀起来。结果，项羽的起义军以一当十，最终打败了秦军。

势，变敌人的优势为劣势。孙子的这种矛盾双方辩证转化的思想，对于以弱敌强、以少敌多、以小敌大的国家和军队，无疑是一件锐利的思想武器，有着重要的进步意义。

> ❀ **思考题**
>
> 1. 什么是"奇正相生"？
> 2. 谈谈孙子思想对现代人的启示。

第八章　惠施与公孙龙

在孔子和墨子的时代，名实①问题虽已提出并进行了讨论，但它尚未成为一个专门的哲学问题，只是作为哲学家们论证政治思想的一种手段。到了战国中后期，认识本身逐渐成为人们研究的对象，名实问题便成为哲学家们十分关注的重要问题，出现了一批以名实关系为研究对象的专门家即"名家"。惠施与公孙龙就是先秦名家的代表人物。

春秋战国期间，社会制度正经历着一场大变革，旧的社会秩序被打破，很多礼法名存实亡。许多事物原来的"名"不能适应新的内容，各种新起的名还没有得到社会的承认，名与实之间的矛盾显得相当突出，弄清名与实的关系成了百家争鸣的一个重要内容。名家以百家争鸣为背景，但与诸子不同的是，名家只注重辩论"名"与"实"之间的关系，他们从考察名实关系出发，进而讨论概念的规定和分类、判断和推理，主张以逻辑原理来分析事物，而对天人关系、人性论、治理国家社会的理论等问题没有多大兴趣。由于名家注重逻辑的特点，因此在英文中被翻译成辩证家或逻辑家。

---

① 名实　"名"与"实"是中国古代哲学的一对范畴。名，指名词、概念、称谓、名义；实，指事实、实际存在的事物。名实问题讨论的主要就是名称与现实或概念与实在之间的关系。孔子提出的"正名"的主张，在中国哲学史上第一次讨论了名实关系的问题，提出了名与实应相副的观点。

中国古代哲学

名家的理论在古代中国的学术传统里，往往被冠上一个"诡辩"的恶名。传统学者认为名家的精细明察显得过于苛刻，简单的问题却转很多圈子加以复杂化；相当明了的事实却作出烦琐的引证，纠缠不清，使人不能理解事情的本来意义。名家把概念名称作为认识的唯一依据，失去了一般常理，失去了真实性，使人的认识能力受到很大压抑。

确实，名家有这样一些特点，喜欢谈论一些平常人们想不到或者很少谈及的一些问题，喜欢提些怪论，喜欢与人辩论，他们总是反对人们以为对的东西，肯定人们以为错的东西。这就产生两方面的情况：一方面他们不容易被常识接受，他们讨论问题所使用的过分烦琐的方式为一般人所厌烦；另一方面名家的理论促使人们对"常识"性问题重新思考，指出常识经验的局限性，发现了一些逻辑上最根本的问题，如泛指与专指，个别与一般等，也很能给人以启发。它在中国哲学思维的条理化、概念的清晰化和论证的严格化方面做出了自己的贡献。

庄惠之交

第一节　惠施

惠施，约公元前370—前310年，宋国人，曾任魏国的相国，为魏国制订过法律，是战国时期"合纵政策"①的一位实际组织者。后来惠施回到家乡宋国，并在那里与庄子成为朋友，两人经常在一起辩论问题。惠施死后，庄子慨叹道，"从此我没有可以匹敌的对手了！我没有可以一起论辩的人了！"惠施的辩才在当时非常有名，学问也很大。《庄子·天下》篇说他的书有五车之多，虽然没有说清这书指的是他的藏书还是著作，但多少说明了他是一个博学的人。

惠施著有《惠子》一书，可惜没有保存下来。关于惠施的资料，散见于《庄子》、《荀子》、《韩非子》、《吕氏春秋》②等书中。其中真正介绍惠施哲学思想的是《庄子·天下》篇。庄子在书中介绍了惠施讨论逻辑、考察事物概念的十个结论性命题。在惠施的十个命题中，其中两个比较有名。

首先是关于"小同异"与"大同异"的问题，一般归纳为"合同异"来代表惠施的学说。

所谓"小同异"是指万物的"大同"和"小同"不一样，也就是事物类别的共同点和种属的共同点的差异。以人、牛、羊的关系为

---

①　合纵政策　战国时期苏秦游说六国诸侯实行纵向联合，共同对抗强大的秦国的政策。合纵的目的在于联合许多弱国抵抗一个强国，以防止强国的兼并。合纵政策与连横主张针锋相对。张仪曾经游说六国，让六国共同事奉秦国。连横的目的在于事奉一个强国以为靠山从而进攻另外一些弱国，以达到兼并和扩展土地的目的。

②　《吕氏春秋》　秦国丞相吕不韦主编的一部古代百科全书式的著作，共二十六卷，二十多万字。汇合了先秦儒、道、墨、法等各派学说，内容驳杂，所以被列入"杂家"。《吕氏春秋》保存了不少古史旧闻、古籍佚文及一些古代的科学知识，在理论上和史料上都有很高的参考价值。

例,人、牛、羊都是动物,我们可以说是大同,如果说牛、羊都是动物中的兽类,那就是小同。相比之下这里的动物是大概念,兽类是小概念,同属于大概念叫大同,同属于小概念叫小同。说人跟牛、羊不同,就是"小同异"。这是人凭自己的经验认识,对事物进行分别而产生的同异观,是一定范围内的事物之间一般的同异。

所谓"大同异"是指万物"毕同"、"毕异",也就是万物有完全相同的共性又都有完全不同的特性。从个体的角度来看,万物都有区别于他物的自己的特性,这就是"毕异"。但从道的观点看,万物时刻都在变化之中,此时的物体已不同于刚才的物体,根本就没有一个固定的形态,这是万物的共性。从这个角度来说,万物可以看作是一个普遍的类,也就是"毕同"。毕同和毕异的统一就是"大同异"。这样,由于我们既可以说万物彼此相同,又可以说万物彼此相异,就表明它们的同和异都是相对的。惠施依据同异的相对性,得出了万物完全相同的结论,认为相同性质的和不同性质的事物,都可以抽象地统一起来,这就是所谓"合同异"。"合同异"的观点夸大了概念的同一性,忽视了个体的差别,因而导致相对主义的错误。

另一个重要的命题是"至大无外,谓之大一;至小无内,谓之小一"。"大一"是说整个空间大到无所不包,不再有外部;"小一"是说物质最小的单位,小到不可再分割,不再有内部。这实际上是对宇宙的抽象认识,接触到宇宙无限大或无限小的问题。至大之所以为至大,至小之所以为至小,就是因为它是无限的。至于有限的东西就不能说"至大"或"至小",因为总有比它更大或更小的东西。有限的东西,他们的大小是相对的,也是可以转化的。相对大的东西对于比它小的东西来说是大的,但对于比它大的东西来说,就小了。这就是说,它的大可以转化为小。同样小也可以转化为大。

关于"至大"和"至小"的问题,在庄子写的寓言《秋水》篇中也曾谈论过。寓言中说,黄河之神以为黄河是最大的,直到见到了大海才知道自己的渺小。可是海神却说,我在天地之间也不过是大山上的一块小石头罢了。接着庄子还为"至大"和"至小"下了定义,说至小"无形",小到没有形体,在数目上不能把它们分开;至大"不可围",大到不可限定范围,在数目上是无穷的。在这里我们可以明显看出,惠施与庄子在某些方面有许多共同的东西。他们对于"至大"和"至小"都进行了极限论的概括,具有一定的科学价值。

第二节　公孙龙

公孙龙,约公元前320—前250年,赵国人,战国后期的哲学家、辩论家。著有《公孙龙子》一书,涉及当时哲学界的许多争论,是研究他思想的主要材料。其中代表性命题有:"白马非马"和"离坚白"。

一、白马非马

"白马非马"论见于《公孙龙子》的《白马论》,是公孙龙的一个基本命题,也是他的成名之作。关于"白马非马",有一段有趣的故事。有一次公孙龙骑着白马入关,守门官根据规定不允许马进去。公孙龙辩解说:"白马不是马,怎么不可以过关呢?"守门官坚持说:"按规定不管是白马黑马,只要是马,都不能入关。"公孙龙回答说:"'马'是指名称,'白'是指颜色,名称和颜色不是一个概念。'白马'这个概念,分开来就是'白'和'马'或'马'和'白',这也是两个不同的概念。譬如说要马,给黄马、黑马都可以,但

白马非马

是如果要白马，给黄马、黑马就不可以，这证明，'白马'和'马'不是一回事！所以说白马就不是马。"守门官说不过他，只得让他和马通行。

公孙龙论证"白马非马"的过程，可以用三段论①的方式来表达：

大前提：根据颜色命名与根据形状命名不是一回事。

小前提："马"这个概念是对形体而言，"白"这个概念是对颜色而言。

结论：白马不是马。

从另一个角度来说，如果人们承认黄马、黑马都是马，但都不是白马，那么白马也就不是马。这一论证也可以改写成一个三段论：

黄马黑马不是白马。

黄马黑马是马。

所以白马不是马。

实际上公孙龙是强调，"马"、"白"、"白马"的内涵不同。"马"的内涵是一种具有"马"的外形特征的动物，"白"的内涵是一种颜色，"白马"的内涵是一种动物加一种颜色。三者内涵各不相同，所以白马非马。公孙龙注意到，当人们一般地谈论"马"的时候，这个"马"只是一个一般的抽象的概念，没有具体的颜色，而有颜色的白色的马则是具体的个体，抽象的一般和具体的个别是对立的，这是他的理论的价值所在。但实际上如果从类属的角度看，白马是"马"中的一种，白马非马这个结论毫无疑问是错误的，它割裂了个别与一般的关系。

二、离坚白

这个命题见于《公孙龙子》的《坚白论》。所谓"离坚白"就是

---

① 三段论　三段论是人类思维的基本形式。一个三段论就是一个包括有大前提、小前提和结论三个部分的论证，由大前提和小前提推出结论。

把"坚硬"和"白色"两者相分离。公孙龙主张，在一块坚硬的白石上，"坚"和"白"是完全不相干的两个概念。坚是指硬度，白是说颜色。人的视觉只能看到石头的白，看不到坚；人的触觉只能感受到坚，感受不到白。感觉白时不能感觉坚，感觉坚时不能感觉白。所以，"坚"和"白"在人们的感觉中是分离的，不是结合在一起的。世界上只有"白石"或"坚石"两种东西，不存在所谓"坚白石"。

公孙龙将从石中抽象出的坚、白两种属性独立出来，把它们看作一般的抽象物，认为人们感觉接触到的事物的各个属性，都只能是绝对分离的独立体。

惠施和公孙龙都是名家的代表人物，但他们的观点有很大的不同。惠施重"合"，主张"合同异"，认为万物的同和异是相对的，相同或不同性质的事物都可以抽象地统一起来，从而忽视了事物个体的差别性。公孙龙则重"离"，主张"离坚白"，认为事物是互相独立而不同的，即使是同一事物（石头）的各种属性（坚、白）也是可以分离看待的，从而夸大了事物的差别性而抹杀了其统一性。二者各夸大了事物的一个方面，都有不同的片面性，但他们的学术活动对中国古代逻辑学和认识论的发展还是有重要贡献的。

❋ 思考题

1. 名家对中国古代哲学有什么贡献？
2. 你怎么看"白马非马"这个命题？
3. 惠施和公孙龙的哲学观点有什么不同之处？

中国古代哲学

第九章 韩非

韩非是法家思想的集大成者。法家是先秦诸子中晚起的一个思想派别，这个学派反对以"礼"治国，主张以"法"治国，所以称为法家。法家学派的形成以战国初中期的申不害①、慎到②和商鞅③等人掀起的变法运动为代表，韩非则把法家的思想发展到了顶峰。

韩非，姓韩名非，战国末年的韩国人，生于约公元前280年，死于公元前233年。他出生于韩国贵族世家，是韩国王室的后代。韩非自幼有些口吃，不太善于讲话，但文章写得很好，著有《韩非子》一书。韩非与李斯都是荀子的学生，李斯自以为不如韩非，于是在秦始皇面前说韩非的坏话，韩非最终被李斯逼得在秦国监狱中自杀。

韩非虽然早死，但他的思想却在秦始皇和李斯手上得到了实施，

---

① 申不害（约公元前385—前337） 战国时期郑国人，著名的思想家和改革家，法家思想的代表人物之一，以"术"著称于世。他曾在韩国为相十五年，在这期间坚持进行改革，使韩国成为了一个富强的国家。

② 慎到（约公元前390—前315） 战国时期赵国人，法家思想的代表人物之一。他曾长期在齐国讲学，有不少学生，在当时享有盛名。慎到在提倡法治的基础上强调"势"的重要性。"势"主要指权势，慎到认为，君主如果要实行法治，就必须重视权势，这样才能令行禁止。

③ 商鞅（约公元前390—前338） 战国时期卫国人，著名的政治家，思想家，法家代表人物之一。因被秦国封于商地，后人称之为商鞅。商鞅从小就喜好法家学说，专心研究以法治国。他在秦国执政的十年期间，大规模地推行过两次变法，使得秦国越来越富强，史称商鞅变法。

为中国第一个统一的中央集权制国家的诞生起了积极的推动作用。汉代以后中国社会正统的意识形态是儒学，但韩非倡导的法术势相结合的政治思想也部分被儒家的思想体系所吸收，并与仁爱、德治互为表里（所谓"阳儒阴法"、"外儒内法"），对后来的整个封建社会都产生了深刻的影响。概括起来，韩非的思想主要包括以下几个方面。

韩非像

一、历史哲学与人性论

韩非的历史哲学与人性论是其学说的理论基础。

儒、墨、道三家都认为"今不如昔"，认为人类的黄金时代在上古时代。法家则认为历史是向前发展的，一切法律和制度都要随历史的发展而发展，既不能复古倒退，也不能因循守旧。韩非将历史划分为上古、中古和当今三个发展阶段，每个阶段的历史各有不同的需要解决的主要问题和人类活动的基本特征，说到底是一个不同历史条件对人事活动的选择和人们如何应变的问题。上古时候人们在道德上竞争高下，可以用"仁义"治理国家；中古时候人们在智力谋略上角逐优劣，可以凭"贤能"治理国家；而当今社会人们在力量上较量输赢，全凭物质实力相争，其主要问题已经与前代不同，因而也就必须有新的治国之道。那些主张恢复上古仁政的儒者，在他这里不过是如同"守株待兔"①的迂腐之辈一样，实在不值得一提。韩非认为仁义这一套在当时对治国有害无益，治理国家只能依靠"法治"。只有用赏罚的手段进行统治，才能维持社会秩序和富国强兵，才能实现大一统。可以说，韩非的历史进化思想是其法治主张的理论基础。

韩非的人性论可以用"自为"或"好利恶害"来概括。

韩非人性论的出发点是荀子的性恶论，但其道德评价却与他老师不同，因为韩非是把利益放在第一位的。韩非认为，人性是自私的，"好利恶害"是人的本性，人们的一切社会活动都是"自为"，即为了谋取自己的利益。人与人之间都是赤裸裸的利害关系，制作车子的希望人人富贵都能买得起他的车，制作棺材的则希望人短命早点死，并非前者就是善而后者就是恶，而是只有如此，他们各自才能获利。这是人之常情，谈不上是善是恶。

正因为人民有"好利恶害"的本性，所以才是可以被统治的。人情既然如此，统治者的政策就不应当像荀子所主张的那样通过教育将大众改造成新人，而应当是顺应人的性情，以利益来诱使。对于君王想实现的，就用重赏来引诱，这样人们自然会趋之若鹜（wù），纷纷效力；对于君王想禁止的，用重罚来威慑，这样人们自然会老老实实，不敢违背规矩法度。正是从对人性的分析出发，韩非突出了法治

---

① 守株待兔　出自《韩非子·五蠹（dù）》，说宋国有个农民，他的田地中有一棵树桩。一天，一只跑得飞快的兔子撞在了树桩上，扭断了脖子，死了。从此，那个农民舍弃了他的农具，天天等在树桩旁，希望能再得到一只兔子。当然兔子不可能再次得到，这个宋国人却成为了大家的笑柄。韩非用这个故事来说明现在的统治者如果想用过去的治国方案来治理当今的百姓，就是在犯守株待兔一样的错误。

的必然性和必要性。由此可见，韩非的人性论同样是其"法治"理论的组成部分。

二、"法、术、势"结合的治国之道

在韩非之前，法家分三派。一派以慎到为首，强调"势"，即权力与威势。认为在政治统治中，"势"最为重要，有重权高位就能治天下，用不着什么才能智慧。一派以申不害为首，强调"术"，即政治权术，是君王驾驭群臣、暗藏于君王心中的一种政治策略和手腕，主要目的是察觉、防止犯上作乱，维护君主地位。一派以商鞅为首，强调"法"，即法律与规章制度。主张赏罚分明，君王制定的法令，国民必须遵守。韩非则主张法、势、术三者缺一不可，都是帝王统治的工具。帝王必须有权威，必须有法，必须有用人之术，三者综合运用，才是治国之道。

先说韩非法治理论中最根本的"法"。韩非心目中的法是指公开颁布的成文法律以及实施法治的刑罚制度。韩非坚持以法治国，坚决反对人治。韩非认为，制定和执行法令要重视以下几个原则。第一，法要公开、确定、统一、稳定、公平合理，这样才能做到人人了解并共同遵守法律；法要严峻，要做到"严刑重罚"，只有实行严刑重罚，人民才会顺从，社会才能安定，统治才能巩固。在执法上，他强调要做到有法必依、有功必赏、有罪必罚。意思是制定了"法"，就要严格执行，任何人也不能例外。法不偏袒权贵，不能因为违法的是贵族大臣，就可以回避惩罚；而奖赏善行，也不能遗漏普通百姓。最后，在法的宣传上，要做到"以法为教"、"以吏为师"，广泛地宣传法律，以法治作为国家倡导的唯一治国思想。

再说驾驭群臣的"术"。《韩非子》一书谈论"术"的部分占全书的百分之六十以上。韩非的"术"内容很丰富，具体包括以下三点。第一，君主要把自己装扮得高深莫测，对臣下不要表示真实的感情。这样，臣下猜不透君主的意图，就不敢捣鬼，不敢犯上作乱。第二，君主要行"无为"之道。凡事藏在心中，不要外露，在暗中观察，出其不意制人。第三，君主要千方百计地维护自己的独尊地位，使用各种手段清除世袭的奴隶主贵族，坚决打击大臣们拉帮结派、朋比为奸的行为。

法是正式向老百姓公布的成文法律条例，官吏根据这些条例统治人民；术是暗藏在君主心中的权术。法是公开的，家喻户晓的；术则深藏不露。法主要统治人民；术侧重于统治群臣。法术都是君主统治的手段。

所谓"势"，就是指统治者统治人民的权势和地位，就是制定法律、掌握生死赏罚的权力。韩非作为一个绝对君权者，认为君主必须把这些大权牢牢地掌握在自己手中，不同任何人分享，有了这个权力，才能使臣民服从自己。即使尧、舜那样的国君，如果失去国君的地位，没有国君的权势，天下人谁肯听他的？恐怕连三个人也管不了，更不必说管理天下了。

在"法"、"术"、"势"三者的关系上，韩非认为，"法"是治国的根本，"势"是推行法治的基本前提，而"术"是执行"法"的必要方法和策略。要有效地施行法治，就必须将法、势、术结合起来。国家制定有明确的法律让百姓遵从，君主不但心中有"术"，善于驾驭群臣，而且有绝对的权威来保证"法"的实施。这样，就能拧成一股绳，全国上下只遵从君主一个人的意愿。君主号令全国，该干什么就干什么，从而达到国富兵强。

三、参验

"参验"是韩非认识论的主要内容。

人能够认识自然，这是韩非认识论的前提。因为人天生就有感觉器官和思维器官，人的认识能力是人的天然属性。

但人到底是怎样来认识客观事物的呢？韩非提出在认识方法上要反对"前识"的观点。所谓"前识"是一种接触客观事物之前就下断语、在了解事物客观规律之前就要行动的认识，是没有依据而作出的主观的妄想和猜测。韩非举了"詹何猜牛"的故事来说明自己的观点。詹何是个擅长数术的人，有一次他和弟子们坐在院子里，听到牛叫声，大家纷纷猜测这头牛是黑的还是白的，争论了半天还是没有结果，后来还是叫一个孩子去看了才真相大白。韩非说，像他们那样苦心伤神，愚蠢之极，智商不如一个小孩。这样的先识，实在是太主观了。韩非认为，判断一种意见、言论是否正确，不能凭主观来确定，要像故事中的小孩一样，去查看它是否符合实际，是否能在实际生活中得到验证，这就是"参验"的方法。

自相矛盾

中国古代哲学

"参"就是比较研究，要求将各方面的情况意见汇聚在一起相互参照比较，以避免片面性。韩非讲了一个"自相矛盾"的故事，楚国有一个卖矛和盾的人，他先吹嘘他的盾很坚固，没有什么东西能够把它刺穿，然后又说自己的矛锋利得很，什么东西都可以刺穿。这时，有人问他，如果拿你的矛刺你的盾，结果会怎么样呢？这时那人便答不上话来了，因为坚不可破的盾和无坚不穿的矛是不可能同时并存的。这个故事，要求人们在参验时要遵守逻辑的基本规定，要把各种情况进行排列、分类，加以比较分析，地理、物理、人情都要考察，观察要多角度，材料要全面，最后再进行验证。

"验"就是以实际的事物和功效为标准，用行动来对认识加以检验。韩非说，判断刀剑是否锋利，不能只看刀剑所用金属材料的颜色，而要去宰杀动物；挑马不能只看马的形状、年龄，而是要用马拉上车跑一次；要知道大臣是否称职，不是看他的官职大小，不是看他是怎么说的，而是看他实际的政绩是否和他的官职相称。人必须通过行来验证知，通过实际功效来判断认识是否正确。

> ❀ 思考题
> 1. 韩非的"性恶论"和荀子的"性恶论"有什么不同？
> 2. 儒家讲求"仁政"，法家讲求"法治"，结合当今社会现实，谈谈你对这两者的认识。

第十章 易经

"易经"的"易"是指《周易》一书。《周易》可以说是中国古代文化的代表作，它的内容极其丰富，对中国几千年来的政治、经济、文化等各个领域都产生了极其深刻的影响。它既是儒家的基本经典，位列六经之首，也是阴阳家的代表文献，被各家各派所看重，渗透到中国传统文化的各个方面。不了解它，就不可能真正弄懂中国传统文化及其哲学。实际上，《周易》已经超出了国界，不但在汉字圈的一些国家和地区如日本、朝鲜半岛、新加坡等国，而且在西方的英、德、法、美等国，也都受到了重视和研究。据说，自《易传》产生后，对《周易》注释和解析的书，已超过三千种，比对其他中国传统经典的注释和解析的总和还要多。

今天通行的《周易》包括"经"与"传"两部分。经包括由八卦①组合而成的六十四卦的卦名、卦象②、卦辞、爻（yáo）辞③四部分，

---

① 八卦　八卦是一套有象征意义的符号，由"爻"组合而成。"—"是阳爻,代表阳；"--"是阴爻，代表阴。三爻组合成一卦,一共有八种组合形式，就是八卦。每一卦形代表一定的事物。八卦互相搭配得到六十四卦（参见周易六十四卦图），用来象征各种自然现象和人事现象。

② 卦名、卦象　卦名是卦的名字，这里说的卦象是指组合成卦的六个爻及其位置关系。比如六十四卦的第一卦，其卦名是"乾"，其卦象是☰。

③ 卦辞、爻辞　卦辞是解释全卦含义的文辞,爻辞是解释每一爻意义的文辞。

大致是将商末周初的卜筮（shì）材料加以汇集整理而成，约成书于殷周之际。传相对于经而言，则是后人对经文大意的解释与哲学思想的发挥，共有七种十篇（《彖》上下、《象》上下、《系辞》上下、《文言》、《说卦》、《序卦》、《杂卦》），其内容很广泛，涉及自然、社会、道德、科学等多方面，被统称为"十翼"。"翼"本指翅膀，作动词即以翅膀遮蔽、保护，引申为辅佐、辅助。经与传的关系类似于鸟与鸟的翅膀的关系，从"十翼"的名称可以看出它们被看作是经文的辅助材料。《易传》与儒家的联系很紧密，相传为孔子所作，其实《易传》既非一人所作，也不是同时写成，而应该是战国中后期至秦汉之际以儒家为主体的学者在对《周易》经文的不断研究和解释中逐渐形成的。无论孔孟之道、老庄学说，还是《孙子兵法》、阴阳家学说，都和它有着密切的联系。《易传》大体上成书于战国时期，到了汉

阴阳图

八卦图

代，为学习诵读方便，经和传就合二为一了。

《易经》这一名称可以有两层含义。一是仅指上面所说《周易》的经文部分；二是也可以包括《易传》，指整部《周易》，但"经"字用在这里是指它是儒家或其他学派的"经"典的意义。本章所说的"易经"一般用第二种涵义，是《周易》经文和《易传》的总称。

历史上《周易》本来只称为《易》。为什么这部书叫"易"？按照古人的解释，易这个字具有丰富的哲学含义，一是简易，一本卜筮之书仅用六十四卦三百八十四爻就能涵盖宇宙间的一切变化；二是变易，卦爻的变化反映宇宙间的一切变化；三是不易，宇宙根本的道理是不变的。

《易经》被誉为中国文化典籍中的一部奇书。其实，从历史的角度来看，《易经》本来并没有多么神奇。《周易》卦爻辞或者说《周易》经文，本来只是占卜所用，是为卜筮提供参考和推论的依据的。当时人们通过特定的办法摆弄蓍草（蓍读shī，蓍草是一种占卜用的草）而得到某个爻某个卦，再查出它的爻辞、卦辞，就可以知道所占卜事情的吉凶祸福。后来，一些哲学家从《周易》中看出了阴阳变化等意义，从自己的哲学角度作出不同思想层面的解释阐发，构造出了一个相对完整的哲学体系，汇集为《易传》，才有了丰富的哲学意义。

从另一个角度来说，《易经》之所以被称作"奇书"，很大的一个原因还在于《易传》的哲学体系是利用《周易》卜筮的特殊结构和筮法建立起来的，二者在内容上有差别但形式上却存在着联系，形成了一种哲学思想与宗教巫术的奇妙的结合，这在中外哲学史上是一个极为特殊的现象。《周易》经文由阳爻和阴爻的不同序列为一组而组成六十四卦画、三百八十四爻，编织成了一套整齐有序而又稳定规范的符号体系。《易传》表达哲学思想，除了文字符号以外，还使用《周易》这套特有的符号体系，而且可以说后者是更为根本的。正因为《易传》哲学体系的表现形式是《周易》的框架结构，可以说是以卜筮的"旧瓶"装哲学思想的"新酒"，而要完全装入其中，就免不了有生搬硬套、削足适履的地方。我们在理解《易传》的哲学思想、尤其是其中一些含糊不清甚至显得矛盾和混乱的地方时，注意从其内容与形式的矛盾着眼，可以说是一把重要的钥匙。

《周易》经文的卦爻符号系统，也被称为抽象的"象数"系统。所谓"象数之学"也是中国哲学的一个专门术语。《易经》的"象"指"卦象"和"爻象"，卦象（包括卦位）即八卦与六十四卦所象征的事物及其位置关系，爻象则指各卦中阴阳两爻所象征的事物及其性质。《易经》的"象数"之"数"有两种，一是指卜筮中摆弄蓍草求

	天	澤	火	雷	風	水	山	地
天	乾	履	同人	無妄	姤	訟	遯	否
澤	夬	兌	革	隨	大過	困	咸	萃
火	大有	睽	離	噬嗑	鼎	未濟	旅	晉
雷	大壯	歸妹	豐	震	恒	解	小過	豫
風	小畜	中孚	家人	益	巽	渙	漸	觀
水	需	節	既濟	屯	井	坎	蹇	比
山	大畜	損	賁	頤	蠱	蒙	艮	剝
地	泰	臨	明夷	復	升	師	謙	坤

周易六十四卦图

得某爻某卦时所得的数目（即七、八、六、九四个数字，爻辞中只有"六"、"九"两个，"八"归于"六"，"七"归于"九"），奇数为阳数，偶数为阴数。二是指"爻数"，又称"爻位"，即各爻在该卦的六爻中所处位置的序数（从下至上依次为初、二、三、四、五、上）。爻数代表其所象征的事物的处境与际遇，又表明其所象征的事物之间的位置关系。《易传》认为，象、数配合，就可以说明万事万物在变动中的种种情况。这种思想有着对蓍数的奇偶变化的神秘崇拜的成分，认为数的变化是事物变化的根本原因，可以根据筮法中数的奇偶变化把天下所有的道理都推演出来。《易传》的哲学思想大都是通过卦爻象位来说明的，从而笼罩上了一层神秘的外衣，这是它与其他儒家经典最大的不同之处。后世易学家有影响很大的一派"象数派"，专门就此大作发挥，又给《易经》的解读笼罩上了层层迷雾。我们今天认识《易经》的哲学思想，可以不必对"象数"问题作过多深究。

《易经》中体现出来的哲学思想主要表现在以下两个方面：

一、阴阳学说与宇宙万物的生成

"《易》以道阴阳"（《庄子·天下》），阴阳学说是《易经》思想的核心。"阴"和"阳"最初都是具体的自然和地理（以及方位）概念，分别指"没有阳光（的地方）"和"有阳光（的地方）"，由此引申常用来指阴寒与温暖的气候，西周末年特别是春秋时代，又由阴寒与温暖的气候义被推想为天地之间的两种"气"。战国时代的哲学家在传统说法的基础上，又进一步认为阴阳不仅是"气"，也是事物的根本属性，"阴阳"被用来指称宇宙万物两两对应、相反相成、对立统一的抽象性。各种事物都有阴阳的属性，也就可以据其阴阳属性的不同区分为阴阳两种对立的势力。如白天黑夜，男人女人，气候的寒暖，方位的上下、左右、内外，运动状态的动静等等。阳物刚健，阴物柔顺，所谓阴阳对立，具体说来就是柔顺与刚健的对立。由此"阴阳"就逐渐具有了普遍性和象征性，任何两种相对事物的性质和功能都可以用阴阳来代表，发展成为两种抽象的哲学范畴。

《易传》进一步将阴阳学说跟《周易》经文的框架结合起来，用阴阳范畴解释了《周易》的两个基本符号即阳爻"—"和阴爻"--"，认为二者之间是一种仿效和被仿效的关系，说阴阳两爻是圣人观察了天地万物的运动变化之后特意画出来进行仿效的。这样，《周易》的两个基本符号就不再仅仅是预示吉凶的征兆，而被赋予了哲学的含义，变成了表现哲学思想的工具。阴阳范畴先秦其他哲学派别也曾使用，只有《易传》将其提升为最高的哲学范畴，看作总的原则，用来表示自然界的普遍联系。阴阳学说后来又与"五行"①学说结合起来，研究阐发这一派学说的人被称为"阴阳家"。

《易传》首先认为，万物都是由天地所生成的。把天地归结为生成万物的实体。"有天地然后有万物，有万物然后有男女，有男女然后有夫妇，有夫妇然后有父子，有父子然后有君臣，有君臣然后有上下，有上下然后礼义有所错。"（《序卦》）这段话将万物生成的次序说得非常清楚。那么究竟天地是怎样生成万物的呢？《易传》认为是由于天地中的"阴阳"二气"交感"即交互感应的结果。阴阳代表两种对立统一的元素，是一切事物发展变化的源泉。也可以说，阴阳是事物变化的规律，天地是这种规律所依附的实体。

---

① "五行"最初是指金、木、水、火、土五种宇宙间的基本元素及其相互作用，五行是对具体事物的五种不同属性的抽象概括。阴阳家引用阴阳二气或者金、木、水、火、土五行，去说明自然现象，说明宇宙的起源，说明社会人事。最初阴阳家在解释世界时，本来是分别采用阴阳与五行两个不同的观点与方法的，到战国时代，这两条思想路线渐渐合流，所以《史记》把他们合在一起称为阴阳家。

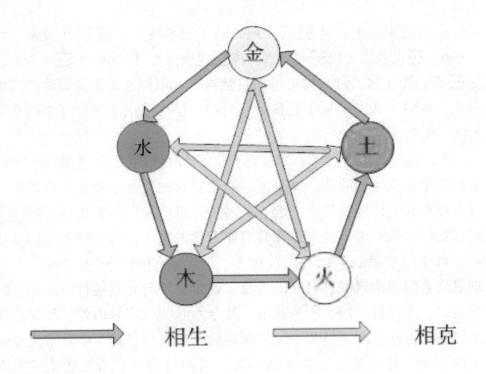

五行相生相克图

《易传》的阴阳学说以天地为实体,论证了天地生成万物的过程,那么,天地又究竟是从哪里来的呢?对此《易传》中有一段著名的话:"易有太极,是生两仪,两仪生四象,四象生八卦。"(《系辞上》)这段话阐明了宇宙万物的起源。所谓"太极",就是宇宙的原始形态,是宇宙未分化前的原始统一体,据汉儒的解释,就是浑然未分的"气",是生成宇宙万物的最基本的物质。太极由于性质、质量等方面的对立作用而不断地运动分离,分裂为阴阳两种对立的元素,称为"两仪","天地"是阴阳首要而最大的象征。也可以说"天"就是最大的"阳"、"地"就是最大的"阴"。由于阴和阳两种因素力量的变化,而形成春(少阳)夏(老阳)秋(少阴)冬(太阴)四季或四象;四象间相互作用演化出八卦。八卦分别为乾☰代表天（这里指天象）、坤☷代表地（这里指地貌）、震☳代表雷、巽（xùn）☴代表风、坎☵代表水、离☲代表火、艮（gèn）☶代表山、兑☱代表泽，这八种具体可感的自然物，又可以说是宇宙万物的基本形式。八物（八卦）再生成和组成万物，最终造成了天地万物的变化发展，生生不息。

从上引《易传》的"四象生八卦"已经可以看出，《易传》中对于自然生成变化的看法，又是通过一套复杂的符号系统表达出来的，二者在形式上已经交织在一起。《易传》以"象"反映天地万物的生成和变化，把八卦以及六十四卦看作万物的根本，将千变万化的事物系于其中。《易经》把"阳"称为"—"，"阴"称为"--"，分别象征着阳和阴这两种对立的力量。乾卦、坤卦分别纯粹由阳爻、阴爻组成，所以各是阳、阴的典范。其余六卦都假定是由乾、坤交合而生。这样，乾、坤就是父、母，而其他六卦在《易传》中常常说是乾坤的子女。乾坤结合而生其余六卦，这种过程，也就是阴阳结合而生天下万物这种过程的象征。阴阳结合而生万物，与雌雄结合而生生物，是相似的。所以乾坤可以代表阴阳、天地、男女。易经中由阳爻和阴爻构成六十四卦的这套符号系统，其实质就是用阴阳两种元素的对立统一来描述天地万物的变化。德国哲学家兼数学家莱布尼兹，在数学上发明了二进制原理后，看到了传入欧洲的《周易》六十四卦，赞叹不已。他认为，中国人在远古时代就具有这样的智慧，确实令人惊异，这六十四卦的排列与他发明的二进制原理基本相符。

在先秦，《易经》与《老子》关于宇宙生成问题的看法是比较接近的。《易经》把太极作为宇宙生成的最终原因，而老子说"道生万物"，他们都是以一个宇宙本原来解释天地万物的生成发展，而这个宇宙的本原又都具有某种混沌的特征。所以这两大系统在后来的发展中逐渐会通为一，太极与道逐步靠拢，相互阐释，最终使中国古代两种基本的宇宙生成模式统一了起来。

此外，《易传》对于万物生成还有一个非常值得我们注意的观点，即著名的"观象制器"说。《易传》作者认为，各种各样的生活与生产工具以及文字、社会制度等，都是由伏羲①、神农②、黄帝、尧、舜这些圣人根据卦象制作出来的。如农具耒耜是由"益"卦而来的，船和桨是由"涣"卦而来的，宫室是由"大壮"卦而来的，等等。也就是说，是先有"益"、"涣"等卦象亦即"道"的存在，然后才根据它们创造出具体器物的。但同时，《易传》在解释八卦起源时又说，八卦是伏羲观察了天文地理、鸟兽、人物等自然和社会现象创造出来的，那么，作为概念或思想的卦象就是对客观外界事物的一种摹拟、象征和反映。很显然，这两种说法可以说是截然相反的。这种情况既反映出《易传》中不可避免的某些观点的含混矛盾之处，又反映出对《易经》加以美化夸大的倾向跟对大量现象加以观察总结得出的认识二者之间的矛盾。

二、变化的学问

前面已经说过，"易"有一层意思是"变易"，也可以说是变化、转化。《易传》的作者生活在战国中后期，对从西周以来社会各方面翻天覆地的变化有着深刻的认识。他们通过对自然与社会的观察发现，一切事物都是在变化之中的，不会始终停留在一个状态。和《老子》一样，《易传》也认为世界上没有永恒不变的东西。《易传》中反复使用"生"、"动"、"化"、"神"这一类概念，《易

---

① 伏羲　远古神话传说中三皇五帝之一，是我国古籍中记载的最早的王。传说他根据天地万物的变化，发明创造了八卦，成了中国古文字的发端，并结束了"结绳纪事"的历史。他还教会了人们渔猎的方法，是中华民族的人文始祖。

② 神农氏　远古神话传说中三皇五帝之一，传说中古代农业的发明者，被尊为农业之神。他还尝遍百草，找寻治病解毒良药，被称为医药之祖。

传》说"生生之谓易"（《系辞上》），《周易》经文说"没有始终平直而不变成起伏的斜坡的，没有始终往前而不回返的。"《易传》说"太阳正午走到天中间则会西斜，月亮盈满了就会缺损。"又说："穷则变，变则通，通则久。"这句话突出强调了变化对于事物发展的决定性作用，穷极、穷尽既是先前发展的终点，又是未来变化的开端，事物正是在这种变化发展中走向通达，并以这种运动方式恒久地持续下去。可以看出，在对于事物运动变化的形式方面，《易传》跟《老子》是很接近的，都认为运动变化是循环往复的。《易传》中说，"太阳落山月亮就升上来了，月亮落下太阳就升上来了，日月相推就生出了光明。寒冷的季节过去炎热的季节就到来了，炎热的季节过去寒冷的季节就来了，寒暑相推就成为年岁的更替。"（《系辞下》）总之，在《易传》中，变化以及转化成为一条重要的法则。既然一切都在变易之中，所以对任何事物都不能执著，根据变化采取合适的对策是唯一正确的方法。

那么，到底是什么导致事物不停地变化呢？《易传》也和《老子》一样，认为是由于事物本身对立面的相互作用，但《易传》更明确地将这种对立面称为"阴阳"。《易传》中有一句著名的话"一阴一阳之谓道"，认为作为宇宙运动总规律的"道"，其内容就是阴阳双方的矛盾对立和相互作用。《易传》中类似的话还有"刚柔相推而生变化"，刚柔也就是阴阳，是一切事物运动变化的根本源泉，变化的原因在于事物内部两个对立面的相互作用。万物在阴阳两种势力的推动、矛盾中产生变化，变化的过程是交互感应。万事万物都自身包含有矛盾着的对立面，一个事物就是对立面的统一，在事物的发展变化中，相反的东西总是在一起，而且互相需要。矛盾的双方是互相渗透、互相转化和互为条件的。有阳无阴不行，有阴无阳也不行。所以有天便有地，有男便有女，有君便有民，如此等等，事物无不具有对立面和两重性。如果只执著于某一片面，见阳不见阴或见阴不见阳，是不符合宇宙的本性的。同时，阴和阳的地位又不是凝固不变的，双方相互排斥又相互吸引和补充，一方总要向另一方转化，形成为永不停止的运动。正是由于阴和阳的相互作用，宇宙万物才能够时时变化更新，生生不息。同时，《易传》又是把自然和社会看作一个整体的，适用于自然界的原则当然同样也适用于人类社会。因此不但君臣、父子和夫妇等社会现象，而且数学上的奇偶、品性上的柔刚、道德上的仁义，以及行为上的屈伸进退、地位上的尊卑贵贱等等也都有阴阳，因此，天地万物包括各种社会现象在内，其变化运动都可以归结为阴阳两种对立势力的运动变化，为这两种势力的交错联结、斗争消长所决定。

事物的变化有量变和质变之分。在一定量的限度内，质并不发生根本性的变化，故四象之间，从少阳（春）到老阳（夏）、少阴（秋）到老阴（冬）的单纯量的增长便属于量变，而从老阳到少阴、老阴到少阳则属于根本性质的变化即质变。但质变又是由量变发展而来的，事物的转变只有依靠逐渐积累，到了"穷"与"极"这个极限才能实现，那就是穷则变，极则反。阴阳的对立和冲突突破了一定的数量界限就必然引起质变，"物极则反"是《易经》所揭示的宇宙间的最普遍的规律。

如何防止事物向坏的一方面转化呢？《易经》在这方面的看法跟《老子》有相通之处。《易传》和《老子》都强调防止事物发展到至极的重要性。要取得胜利，就一定要注意不要过分地胜利；要避免丧失某物，就一定要在此物中补充一些与它相反的东西。所以《易传》说"在安全的时候不要忘了危险，在生存的时候不要忘了死亡，在社会稳定的时候不要忘了动乱，这样才能保证自己和国家的安全。"《易传》还和《老子》一样，认为谦卑是美德。过分刚强就会导致衰弱，不管什么事物，一旦走过了头或达到极致就必然走向死亡，走向反面，作为居于主导地位的乾、天、君、夫、父也不例外。对此《易传》作者提出了"刚柔相济"的原则。具体来说，就是刚强的东西要与柔和的东西互相调剂。比如武力属于刚健强悍的东西，可以用来建立和维护政权，但一味使用武力则必将走向灭亡，因为刚健强悍的东西容易折断；礼乐教化能够确保安宁但容易陷于衰弱，因为柔和的东西容易衰弱。如果想要长久平安地享有政权，就应该刚柔相济，既不偏于阳刚，又不偏于阴柔，二者调和达到"刚柔相应"，才是最理想的状态。所谓"刚柔相应"，就刚的方面来说，要与柔相应，保持谦逊的美德，在必要时，可以处于柔弱卑下的地位，争取被统治者的顺从和拥护。就柔的方面来说，柔是卑贱的，如果凌驾于刚之上而处于支配地位，就会导致不吉利的后果。相反，如果柔安于自己的被支配的地位而顺从刚，就可以导致吉利的后果。如果在各方面都做到了刚柔相应，这就合乎宇宙的规律，使运动变化沿着一条永恒不变、始终循环的理想轨道进行。这种刚柔相济、协作配合的理想状态，《易传》称之为"太和"，也就是最大的、最高的和谐，《易传》极力强调应该致力于保持这种最大最高的和谐。

《老子》和《易传》在对"柔"的重要性的认识上也有类似的地方，但二者又存在很明显的区别。《老子》可以说过于强调柔弱的作用，一再主张"贵柔"、"守雌"、"无为"、"自然"等，其态度是消极的。而《易传》则更加强调"趋时"和"化裁"，即注意掌握恰当的时机，随着事物的变化而变化取舍、以调整自己的行动，也就是承认人的积极作用，认为人可以利用自然、改造自然，而不是完全顺从自然、取消人的积极性。与《老子》相比，《易传》并不否定"刚"，甚至其主导倾向是刚健主动，强调"自强不息"；主张积极行动以促进事物向着有利的方面发展，然后再以"柔"作为辅助，二者互相调剂。

易讲的是变易，但还有不易的。《易传》认为有些基本的东西是不能变的，比如天、乾、君、父、夫等处于主导地位，地、坤、臣、子、妻等则处于从属地位，这样一种关系或位置是不变的。这体现出《易传》的作者是当时新兴统治者的代表，所以他们又有要求相对稳定的愿望。从巩固封建统治地位出发，他们希望新建立起来的等级秩序不变，新建立起来的社会结构不变，从哲学来说，就是新确立的对立双方的关系不变。在这里我们看到了《易传》哲学思想中的一个矛盾，即事物的法则与政治需求之间的矛盾。

思考题

1. 谈谈你对《易经》一书的认识。
2. 《周易》中的"易"字应该如何理解？
3. 《老子》和《易传》在对"柔"的认识上有哪些异同？

第三篇　经学、玄学与理学

第十一章　董仲舒

董仲舒

公元前221年，秦始皇统一了六国，建立了王朝。秦始皇虽然为统一中国作出了重大贡献，但政治极端专制，刑罚极端残酷，秦在统一六国之前就有"虎狼之国"之称，历史上传说的"孟姜女哭长城"①就是对秦王朝独裁政治的反映。他尚法家，把法家思想作为治国的根本思想，战国时期那种百家争鸣的局面很快就结束了。历史上有名的焚书坑儒就是秦始皇采取的极端事件，他焚烧了除史官所藏的秦国史记以外所有的史记和民间所藏的儒家经典与诸子书籍，规定谈论诗书、是古非今者斩首灭族，并一次活埋儒生460多人，使法家思想定于一尊。然而霸道政治使秦王朝成了一个短命

---

① 孟姜女哭长城　我国古代著名的民间传说。相传秦始皇时，孟姜女新婚三天，新郎被迫去修筑长城，不久因饥寒劳累而死。孟姜女身背寒衣，历尽艰辛，万里寻夫来到长城边。她得知丈夫的噩耗后，三日三夜痛哭不止，城为之崩裂，露出丈夫的尸骸，孟姜女于绝望中投海而死。后人在那里盖了孟姜女庙。

第三篇　经学、玄学与理学

王朝,不过15年,秦王朝就被汉朝所取代。法家作为统治思想的地位也随之消失。汉初的统治者注意到秦朝在选择统治思想、制定文化政策等方面的教训,采取了与秦朝相反的做法,它废除秦朝的"挟书律[①]",多次派人"求之书于天下",礼聘儒生,传授儒经。那时有一个儒生叫陆贾,他在朝廷时常常说《诗》称《书》,对此高帝大为不满责骂说,现在我骑马驰骋拼命打出来的天下,难道是靠什么《诗》、《书》得来的?陆生回答说,您虽然可以马背上得天下,但难道能够从马背上治天下?接着,他从周武王、吴王夫差一直讲到秦始皇,从历代兴亡之道向刘邦说明文武并用的重要性。他问道,如果秦统一天下以后,行仁义,法先王,陛下还能够称王吗?高帝听后带着几分惭愧要陆生总结秦朝所以失天下,刘邦所以能够得天下的有关成败的经验教训。以后陆生按照高帝的要求粗略地叙述了国家存亡的征兆,共写了十二篇,每一篇都得到高帝称赞。文章说到只有把教化与刑法结合起来,才能保持长久的统治;只有把儒家的仁义道德和道家的柔弱无为结合起来,国家才能得到治理。还有一件事让高帝尝到了甜头,那时候帮助高帝打天下的群臣不懂什么叫礼节,他们在殿上喝酒常常喝得烂醉,随后就大喊大叫,乱打乱闹,举动粗鲁,搞得不成体统,弄得刘邦只得连连摇头,叔孙通揣摩到刘邦的心思,就向刘邦建议制定一套朝廷的礼仪,后来叔孙通召集二三十名儒生,结合古时的礼节与秦代的仪式,制定了符合汉代的礼制,清理了朝廷上下的尊卑秩序,使皇权得到确认。在刘邦当皇帝的第7年,王宫修缮完工,文武百官都去新宫祝贺,一切都按照新制定的朝仪行事,当刘邦进宫面南而坐后,无人敢大声喧哗,应站则站,应坐则坐,等级有序,动

[①] 挟书律　秦始皇在焚书时实行的一项法令,法令除了允许官府有关部门可以藏书外,民间和个人一律不得藏书。

作规范。对此，高帝十分感叹地说，"我是到了今天才知道皇帝的尊贵呵。"这些史实表明汉高祖刘邦已经看到儒家学说的意义，他是中国帝王祭孔的第一人。确实在先秦诸子百家中，儒学最能适应中央集权的君主专制政体和宗法血缘关系的需要。顺应这一需要，儒学不仅走出了困境，而且成了官方思想。罢黜百家，独尊儒术，儒学系统化工作，是由董仲舒完成的。

董仲舒（公元前179—104），广川人（今河北省枣强县），他少年时代就攻读儒家六经典，治学非常刻苦。据说他家里有一个花园，但他曾三年没有跨进园子一步。有一次外出，骑在马上只顾专心思索，当有人问他骑的是公马还是母马时，他竟答非所问。他对《春秋》尤为精通，被称为春秋公羊学说的大师，并被授予汉春秋博士，成了群儒之首，后来的学者就在他思想的基础上有所统一。他的学生也不少，司马迁曾就读于他，当时的汉武帝也特别提倡春秋公羊学。"春秋"是古代记事史书的统称，古代朝廷大事多半在春秋二季举行，所以记事的书就用"春秋"这个名字。各国都有自己的"春秋"，但是后世多不传了，现留下来的《春秋》，它是春秋时期鲁国的一部编年史，传说是孔子作的，至少是孔子编的。《春秋》是孔子正名分、诛乱臣贼子的著作，是孔子思想的集中体现，而且《春秋》文字极其简单隐晦，学者常根据自己的理解和需要而引申附会。至于《春秋公羊传》，是指后人解释《春秋》的一本著作，它因孔子的弟子子夏传给战国时公羊高而得名。可以说，董仲舒对西汉统一的贡献，就在于把战国以来各家学说及儒家各派在孔子名义下，在春秋公羊学名义下统一起来。使"不达时宜，好是古非今"的儒学一跃而为"霸王道杂之"的合乎汉朝制度的儒学了。

对董仲舒来说，天人三策是他一生中的一个重大事件。公元前140年，汉武帝刘彻即位，他让各地推荐贤良文学之士100多人，征询如何治理国家的最佳计策。策问的结果让董仲舒占了先，汉武帝接连向董仲舒进行了三次策问,因为基本内容是天人关系问题,所以称天人三策。三策围绕三个主题展开,即君王治理国家应采取无为还是有为的政术,如何看待天人感应的问题,汉王朝统治的是否应改制,如何改制。董仲舒在三策中集中阐发了他的"天人感应"、"君权神授"、"天谴论"等思想,并提出了著名的"罢黜百家,独尊儒术"的主张。后来汉武帝采用了这一主张,他下令全国推崇孔子,压抑百家,凡儒家提倡的大典如封禅(shàn)、改制等事情,他都一一照办。董仲舒的《天人三策》与西汉前期的贾谊①的《陈政事疏》是奠定西汉文治思想的基础。汉武帝后来又组织了一个被叫做"乐府"的班子,专门作诗写赋,有时遇到节日,童男童女几十人会整夜唱个不停。儒家一直鼓吹的礼乐,到了这时才得以实现。这种局面明显与董仲舒有关。由于董仲舒的三策,适应了当时汉朝在政治上、思想上巩固封建统治的需要,维护了皇帝至高无上的权利,得到了汉武帝的赏识与提拔。公元前104年董仲舒因病去世,有一次汉武帝路过他的墓地,还专门下马致意,以表彰他为汉王朝的效劳尽忠。

一、天人感应

天是董仲舒哲学的最高概念,天人感应是董仲舒哲学的最根本的命题。在先秦以荀况的"天人相分"、"天道可知"、"天命可制"为最高理论成就的天人关系有一大缺陷,把自然之天所谓的不见其事而见其功的功能看做是不可知的。董仲舒复归到子思、孟轲的知人不可以不知天的思想,借助于战国末期的阴阳家邹衍,把儒家的天命论用阴阳五行学说结合起来,利用和歪曲当时的自然科学资料,在儒学

---

① 贾谊(公元前200—前168) 西汉初期的政论家、文学家。主要文学成就是政论文,其文说理透辟,逻辑严密,很有气势,对后代散文影响很大,《陈政事疏》是他卓越政治见解的体现。

史上第一次构造了一个宇宙形成论体系。他认为天在世界之前就存在，它是万事万物的祖先，天地合称为宇宙，万物是由天地阴阳五行再加上人类这十端构成的。在处理自然界与人的关系时，他强调天人相通，具有明显的天人感应的特点。汉武帝在第一道制书里问道："夏、商、周三代受命于天，他们依据的符命是什么？天地间灾异的变化是什么原因造成的？"董仲舒的对策是："臣分析《春秋》所述前代历史事件，发现上天与人事是互相关联的，天命是可畏的，国家治理不好，上天就会制造种种灾害来谴责来警告人类。若再不改变，天下败亡的迹象就会接踵而来。"所以，他常常对天人感应作这样的论证：天不变，道也不变；天有春秋夏冬，人有喜怒哀乐，天有山川河流，人有骨骼血管，人是天的副本，各自都有生杀养藏的功能。天有阴阳，人也一样，君臣、父子、夫妇都取阴阳之道，天之亲阳而疏阴，仁义制度也取之天。至于父子关系，也不过是五行学说的体现，甚至人的五脏四肢也相当于五行四时，所以，"为人者天也"。根据天人感应的道理，董仲舒自然认为，《春秋》中所讥讽憎恶的人事实际上是天施加灾害、怪异的对象，自然灾难实际上是国家的过失。过去的儒家一般都从政治观点来推崇《春秋》的微言大义，然而由于董仲舒援引阴阳家的话解说《春秋》，开始为天道人事相互影响之说开辟了新的视野，《春秋》也成了一本天人感应的神学经典。

董仲舒在讲天人感应时，易经阴阳学成了其理论构成的一个明显特征，这个特征与时代思潮相吻合。《黄帝内经》[①]从自然科学的角

---

① 《黄帝内经》成编于战国时期，是中国现存最早的中医理论专著，与《伤寒论》、《金匮要略》、《温病条辨》一起，构成中国传统医学的四大经典著作。它总结了春秋至战国时期的医疗经验和学术理论，运用阴阳、五行、天人合一的理论，对人体的解剖、生理、病理以及疾病的诊断、治疗与预防，做了比较全面的阐述，确立了中医学独特的理论体系，成为中国医药学发展的理论基础和源泉。

度指出，运行于自然界的阴阳五行之气和人身上的阴阳五行之气是同一个东西，而汉代儒生则从社会科学角度指出，人类的社会行为也会引起自然界的变化。实际上阴阳五行是汉代人思想的骨干，无论在宗教、政治还是学术方面，几乎没有不用这套方式的。古时候一个人知识渊博，人们常常用"上知天文，下察地理"这句话来形容，在汉代，这个天文不是指现代人所理解的与天文学相关的天文，而是指星象学意义上的天文；这个"地理"也不是与地理学相关的地理，而是指风水学意义上的地理。史书上说，汉武帝①尊重相信五行家，把他们作为日常生活的指导者，当时的史官必须懂得星历，他们把天上的星辰组成一个系统，又把天与人的关系组成另一个系统，使得天人之间发生密切的感应。他们用心观天，如果天上有变动，就会认为人间也会相应发生一些事，并应验于某一个人。这还可以追溯到汉高祖，那时就有这样的说法"治道失于下，则天文变于上，恶政流于民，则虫灾生于地"，这表明，那时的人已经开始推灾异，星象对人类命运的摆布显得更加普遍与实在，对人类历史的影响更加真实。董仲舒借《春秋》所记载的天变灾异广泛附合，这就使春秋公羊学彻底宗教化、阴阳五行化，儒学具有神秘的迷信色彩。由董仲舒开辟的用阴阳灾异附会经义，谈论朝政这一作法，一方面成了儒生谏诤的手段，另一方面又宣传了迷信，那时有借"刘秀发兵捕不道，卯金修德为天子"的谶文来夺取皇位的刘秀，"刘"的繁体字"劉"，左边上部是"卯"，下部（"金"）；借"董仲舒整理我书"的孔子话的谶记来神化孔子与董仲舒，致使大批"纬书"出笼。所谓"纬"，是相对"经"而言，是儒生用天人感应、阴阳灾异的学说对儒家经典穿凿附

---

① 汉武帝刘彻（公元前157—前87） 是汉朝的第5位皇帝，中国历史上伟大的政治家、战略家、诗人。

会，演绎而成的神秘说教。纬书主要做三件事：把西汉200年中的术数①思想作一次整理，使之系统化；把所有的学问神话都归结到六经旗帜之下；为当时倡导的学说提供证据。当然，谶纬②的内容很广泛，牵涉到释经、天文、历法、神灵、地理、史事、文字、典章制度等，他们与传统的道德和政治学说结合起来以建立理想的秩序，促成国家神学的产生。不过在这个问题上，董仲舒也栽了一个跟斗。有一次，他得知东方的汉祖庙与汉高祖陵墓中的殿先后着火，便认为是灾异，写了奏疏准备上疏，后来有人将它偷了出来，上奏汉武帝，汉武帝召集了一些人进行讨论，认为他实在是"大愚"，差一点把他定为死罪。

二、大一统

根据《春秋》的解释，大指的是重视、尊重；一统指的是天下诸侯统一于周天子。后来董仲舒重新提出了大一统，认为天生万物是有目的的，天意要大一统的，汉皇朝的皇帝是受命于天来进行统治的。各封国的王侯又受命于皇帝，大臣受命于国君。他强调孔子修春秋，把天下统一当作头等大事，因为这是天地之常道，古今之通义。现在大家各持异说，各人有各人的主义，致使朝廷无法统一，法制屡屡变化，臣民也不知走那一条路了。由此他提出，在政治上要加强中央集权，强化皇帝的个人权利，在思想上则明确提出，凡是不在六经里

---

① 术数起源于原始社会的巫术。古人将所观察到的自然界的各种变化，与人事、政治、社会的变化结合起来，认为两者有某种内在关系。数术就是通过观察自然的变异现象，利用阴阳五行之说来推测、解释人和国家的吉凶祸福、气数命运的各种技术的总称。

② 谶（chèn）纬　指主要流行于汉代的神学迷信。"谶"是秦汉间的巫师、方士（精通阴阳五行学说，会数术的人）编造的预测吉凶的隐语或预言，作为上天的启示，向人们昭示未来的吉凶祸福、治乱兴衰。"纬"与经书的"经"相对，指方士化的儒生编集起来附会儒家经典的各种著作。

的，以及与孔子的道理不合的学说，都必须断绝它前进的道路，等到邪说消失以后，政治就可以划一，法制可以明定，老百姓也就容易治理了。当时的汉武帝正醉心于儒家，认为他的话很中听，黜退了当时除儒家之外的其他各家。

  为了使大一统得以实现，必须要有严格的社会秩序，君臣、父子、夫妇、兄弟之间要有一种明确的上下、卑贱的关系。这就产生了由董仲舒依据"阳尊阴卑"的理论提出来的三纲五常，它体现了封建统治的整个社会关系。纲是网的大绳，如果没有纲，网也就不存在了。所谓三纲指的是君为臣纲，父为妻纲，夫为子纲，五常指的是仁义礼智信，以后就成了儒家讲的五种德性。董仲舒认为"王道之三纲，可求于天"，这就使人世间的封建伦理关系与政治关系神学化。例如，他把皇帝看成是天的儿子，是奉天的命令来统治人类的，所以皇帝是至高无上的，人们应该无条件地服从皇帝。三纲五常发展了孔子的"君君、臣臣、父父、子子"的思想，也吸取了韩非子的"臣事君、子事父、妻事夫，三者顺则天下治，三者逆则天下乱"的观点，董仲舒提出的这三纲，再加上天人感应，整个全部封建的宗法和思想制度就以政权、族权、神权、夫权为支柱，成了长期套在中国人民特别是农民身上的四根绳索。

  要人们自觉地接受三纲五常，就必须把礼法结合起来，这就牵涉到董仲舒对人的本性的看法。在董仲舒之前，孟子持性善说，荀子持性恶说，董仲舒统一了这二人，认为人性包含着善恶两个方面，就像天有阴阳一样，人性可以分三个等级：表现为善的圣人之性，他们秉承上天的意志，教化人民为自己的责任；以表现为贪的斗筲之性他们贪欲很重，难以为善；仁贪之气集于一身，通过教化可以成为善的"中民之性"。他把民解释为"瞑"，因为他们昏昏沉沉，冥顽不灵，整天碌碌无为，缺乏灵性，但他们是可以通过教化而不是本来为善的，这就像稻谷与米的关系一样，米出自稻谷，但稻谷不是米。

类似的比喻还可以举出一些，如蚕茧与蚕丝的关系，麻与布的关系等等。这种中民之性才是名副其实的性。人需要教化是因为就像天有阴阳一样，人有性情，性为阳，情为阴，性体现的是善，情体现的是恶，人要以性管情，这就是董仲舒的性善情恶说。按照董仲舒的观点，国家要长治久安，必须搞儒家的"礼乐教化"，国君不能滥用刑法，要以教化为本，在国都设立大学，在邑城举办学校。当然光是教化是不够的，还要正法度以防欲，实现正其谊，不谋其利，明其道不计其功。这样，董仲舒的大一统不仅在思想上，而且在政治上、法律上得到了充分的体现。

三、儒学经学化

在谈及董仲舒儒学的与旧不同时，可以看到它的一个显著特点是儒学经学化，或者说儒学采取了经学形态。所谓经学，指的是一种训解或阐述儒家经典的学问。经这个名词最初起源于丝织时对纵丝的称呼，在先秦指的是重要的书籍，例如墨子有"经"与"说"之分，《韩非子》有"经"和"传"之别，儒家典籍也称经。但经过罢黜百家，独尊儒术之后，经成了儒家经典的特称，开始被尊崇，经学的形式得以被固定，以后就一直成了支配中国封建社会学术的形式。由于经的地位被提高，经的数量也大大增加，把本来是"论"、"传"、"子"的内容都拉进去了。在汉代，经共有5种《诗》、《书》、《礼》、《易》、《春秋》，称为五经，原先的《乐》因有谱无经，故不在经学范围之内。当时汉武帝设的就有五经博士。这里讲的博士，不是我们现在所说的学位的名称，而是一种官名。博士的官阶不算小，汉初时的俸禄为400石，以后增至600石，博士内可以在朝廷当重要官员，外可以担任诸侯、郡一级的行政官员。那时候，经典与教科书几乎没有什么差别，语言文字、草木鸟兽，还有做人的道理，都是经典传授的内容。以后经内开始分派，五经分十四家，其中，《易经》分四家,《书经》分三家,《诗经》分三家,《礼经》分两家,公羊春秋分两家,又称五经十四博士。当时经学极盛,经学大师前后达千余人,有些经书的解释增达100多万字。有一个书经大师叫延君,解释"尧典"两个字就用了10多万字,解释"曰若稽古"四个字用了3万字。一个读书人从幼年开始学一经,往往头发白了才学会说经,研究经学虽然又苦又累,但乐此不疲者源源不断,因为在汉代这是一条主要的"禄利之路",人们可以就此升官发财,拿钱吃饭。

董仲舒十分注重阐发微言大义,认为《诗》无达诂,《易》无达占,《春秋》无达辞,因此必须从经典的章句文字中,以经为本,寻求新义,充分发挥,通经致用。他开创了在中国封建时代用儒家经典《春秋》来判案决狱的独特方法。《春秋》第一句就是"元年",元是根源的意思,表示它存在于天地之前,可以作万物的根本,所以《春秋》之道成了天经地义。《春秋传》说孔子作《春秋》,批评与表扬都有他的理由,这实际上就是孔子定的法律,有功有罪都以孔子理由为依据。因为孔子赞扬过敌国有丧而停止征伐是一种伟大的精神,所以董仲舒就认为,汉朝在解决两国争斗时就不应该乘人之危。有人误伤了自己的父亲,而殴父之罪在汉代属于死罪,董仲舒就用"原心定罪"即依据行为动机来定罪的原则为他辩护,这一原则的理论依据就来自《春秋》。《春秋》记载,有个叫许止的人的父亲病了,许止就熬药给父亲吃,他父亲吃后死了。对此孔子讲,许止的原心是要救父亲,所以不能判他有罪,因为作案动机是定罪的依据。董仲舒的一生留下了许多著名的春秋决狱①案例,后人集成《春秋决狱》一书,这一做法体现了汉代儒学与先秦儒学的重大差别,提升了儒家对中国政治生活的实际影响。

---

① 春秋决狱　在儒家政治的审判活动中,除了依据既定的法律条例外,还可以直接引用孔子学派的基本经典,特别是《春秋》的经义作为判决案件的依据。

然而，董仲舒阴阳五行化的经学所创立的不过是今文经学，它涉及两方面的问题，首先是五经得以表现的工具——文字；其次是关于经的内容。今文经，指汉代学者所传述的儒家经典，用当时通行的文字（隶书）记录，由战国以来学者师徒父子传授，于汉代写成定本。汉武帝时表彰儒家经典，设经学博士，所用的都是今文经籍。今文经学迎合了当时政治的现实需要，是汉王朝的官方经学。与今文学派相对立的是古文学派，古文经，指秦以前用古文即篆文（战国时文字和秦小篆）书写，由汉代学者加以训释的儒家经典。有一个学者叫刘歆，他在校书的过程中发现一部用古文写的《春秋左氏传》，以后又发现了《古文尚书》等其他几本书，都是以前没有看到过的。于是他专门上书皇帝，要求把这些书都列于学官，遭到了今文经学的全力反对。从此经学就分成今文经与古文经两派。双方的争论很激烈，东汉时开始渐渐缓和，后来有一个郑玄①，在经学界拥有很大权威，他常常用古学说去改今学说，又用今学说去改古学说，这样一来，今文经学与古文经学的界限就慢慢模糊了，开始走上了融合的道路。

思考题

1. 董仲舒的大一统包含那些内容？对封建社会的发展有什么意义？
2. 什么是经学？分析古文经学与今文经学的差别。

---

① 郑玄（127—200）　东汉末年的经学大师，他遍注儒家经典，以毕生精力整理古代文化遗产，对于儒家文化乃至整个中国文化的的流传作出了相当重要的贡献。

第十二章 王弼、嵇康与郭象

第一节 道家复兴的历史背景

　　王弼、嵇康与向秀是魏晋时代玄学的代表，玄学的兴起有着特定的历史背景，归纳起来可以有以下几个方面。

　　首先是秦王朝的兴衰给人们提出的问题，秦国统一六国，靠的是以法家哲学为基础的残酷无情的精神，这在对内控制和对外关系中充分表现出来。历史上的"焚书坑儒，禁废私学"的事件，"以法为教，以吏为师"的政治路线，"偶语《诗》《书》者弃市，以古非今者族"，都是这一精神的体现，结果导致了秦王朝在农民起义的风暴中迅速灭亡。这至少在两方面对道家的复兴产生了积极的影响。一方面，在政治上它要求产生一种"逆法家而行"的学说。秦朝灭亡，法家成了替罪羊，人人都谴责法家的苛刻。汉武帝于公元前140年宣布，凡是持申不害、商鞅、韩非以及苏秦、张仪之学说的人一律不准做官。而在诸家学说中，与法家距离最远的是儒道二家，这就自然而然地产生了有利于儒道二家的反作用。另一方面，在思想上它要求产生一种与霸道相对立的"无为"学说。按照道家的观点，好的政府不要多管事情，而要尽可能地少管事。如果圣王在位，应尽量消除管事过多的恶果。《史记》说，曹参为齐相，当时天下初定，他用厚币召集老百姓的头领问治理国家的办法，该头领持的是黄老之说，说了一句话"贵清静而民自定"。曹参采用了他的观点,全国上下都为之称赞。汉高祖刘邦也体会到这一思想,所以在他率队进入秦朝首都长安的时候,就约法三章:杀人者死,伤人及盗抵罪;除此以外,秦朝的苛法全部废除。

道家复兴也与乱世有关。考察历史人们可以发现,中国历史上政治、社会秩序大乱的时期,就是道家"得意"之时。那时人们对古代经典的研究一无时间,二无兴趣,很自然地倾向于批评现实生活的世界,在这样的年代,道家就会尖锐地批评、反对现存的政治、社会制度,积极提供逃避乱世的思想体系,指导人们远离伤害和危险。像汉朝,亡于公元220年,接下来是长达四个世纪的分裂和混乱,频繁的战争与朝代更替。南北朝被称为"六朝",实际上反映了更替的频率,而这个时期正是道家十分活跃的时期。

道家的复兴离不开它的物质基础。汉晋之际,在传统的封建经济形态中出现了一种新的经济现象,庄园这一新的生产组织形式如雨后春笋在各地涌现,这些庄园具有相当的独立性,它们是多种经营,自满自足,一般是农、林、牧、副、渔全面经营,有的连草药、葱姜、水果也不放过,并且拥有可以满足各种生活需要的手工业作坊,甚至还有亦农亦兵的半军事武装,这决定了读书人人格的独立性。建立一个有良田广宅,竹木环绕,背山临流的大庄园,酒足饭饱之后能够谈天说地,论道讲书,清谈哲理,成了他们日夜追求的理想。庄园可以使他们不必混迹官场,不必为皇帝的五斗米折腰。事实上,庄园经济产生了独具特色的魏晋自由精神,培养了一大批可以看作庄园人格化的玄学家,它在很大程度上决定了玄学家的思想、风格与人生观的基本特征。

道家的复兴与清谈之风的盛行有关。最初的清谈主要偏重于汉末开始的人物的品题及与之有关的才性问题的讨论,在形式上常常表现为社会舆论,当时称为清议,有"品核公卿,裁量执政"之说,类似于抨击时政，后来则成了地主阶级知识分子互相吹捧的工具。随后，对具体人物的评论向抽象的讨论超越，清议转向了清谈。魏晋时代人们对人物的外形面貌和行为特征的品评越来越具有类的特征，对人物的才性、意趣、内心思想的品评，借老庄行清谈，追求言不尽意、得意忘言的言谈风格，这种清谈之风很符合追求虚名的豪族士子们的胃口，由于玄学兴起，那种重德行轻言语的观念日益失去了市场，又由于玄学的哲理比起儒家所讲的那些肤浅的道德说教来，更有趣味，较适合作谈论的材料，他们避开一般人物去谈论现实世界的本质，这就直接间接地促成了魏晋清谈的发展。魏晋的新道家与他们的佛教朋友都以清谈出名，因为清谈的艺术在于用最精粹的语言，最简洁的词句表达思想，所以他只能在智力水平相当高的朋友之间进行，常常局限于学者之间的辩论，清谈被人认为是一种最精妙的智力活动，是文人情趣高雅的标志，很多人已经不在乎谈什么，而是看是怎么谈的，用什么方式谈的，《世说新语》记载了许多关于清谈家与清谈的故事。清谈，拓宽了人们的思维，增强了士人的独立自由人格，他们穷尽玄理，推动了一代玄学的产生。

在讲到法家对儒道二家反作用时，实际上暗含着这样的观点，百家内的争鸣也是学说发展的一个重要原因。道家复兴的一个重要背景就是儒道互黜，一个比较典型的实例是道家如何解决汉代经学传统的问题。汉代经学家不断注经，极为烦琐，经学被弄得面目全非，毫无生气，经学内部已经很少再有什么自我革新、引发变异的动力，人们很少去注意思想的内涵。一个人从小开始学，即使学到老，也很难明白一本经书，经书上一两句话，都可能注上几千乃至几万言。在当时读写相当困难的情况下，这种作法被视为畏途，因而经学在社会上被普遍抛弃、鄙视。主要继承道家思想的玄学家，抛开经学，独抒己见，不拘章句，要言不烦。虽然看书，却不求甚解，这就与遵循儒家礼教的经学家成了有趣的对比。经学家是"非礼不动"，玄学家则任性自然，随心所欲；经学家说话、著文，字字有经传的依据，玄学家好创新说，语言极短。经学家多为老人，董仲舒60多岁才参加对策，玄学家多为年轻人，二三十岁就成了名人，开一代新风的玄学创始人王弼死时才24岁，许多书都是在20岁左右写的，裴顾也只活了34岁。在一定的程度上可以说，经学束缚人的思想，玄学则解放人的思想，只有摆脱传统的经学束缚，年轻人才就会脱颖而出。道家学说的复兴，正是反映了当代人摆脱、否定汉代经学传统的愿望。

　　道家的复兴有一个过程，作为对秦始皇统治的发动，西汉之初盛行的是黄老之学。黄就是黄帝，老就是老子，黄帝在儒家中没有什么势力，但是道家、阴阳家、医家等都经常谈到他，把他作为偶像。当时的统治者喜爱黄老之术，（有"萧规曹随"之说，即萧何定的规章制度，曹参继任相位后，一切照原来的规矩办。）汉初六十年由于推行以"黄老之学"为指导的清静无为政策，使社会经济逐渐得到恢复与发展，全国人口比刘邦刚刚统一时增加了好几倍，综合实力也有较大增长。中国有一则寓言叫"塞翁失马"，生动地说明了老子关于福依赖于祸，祸蕴涵着福的道理，这个寓言就出自于"黄老之学"的著作《淮南子》。人们一般把复兴的道家称为新道家。后来的"罢黜百家，独尊儒术"，使道家思想一度无声无影，但到东汉，经学日渐僵化，道家重新崛起，这时有一个思想家叫王充（27—100），他为后一世纪的道家复兴开辟了道路，他有一本书叫《论衡》，该书以科学的怀疑精神，反对偶像崇拜说"思无邪"。他明确主张，做事要讲究效果，言论要有证据，世人所谓的天道，就是自然，就是无为。至于天对人的责备之类的说法，是有为，是非自然的。而黄老之家的天道观，才算明白了事物的真实状况。到了魏晋时代，特别是公元三四世纪，道家发展成玄学，他们崇尚自然、精神自由与思想解放，在学术界形成了一股重要的思潮。那时候中国著名的学者一般都是道家，如阮籍、王弼、何晏、向秀、郭象等。中国哲学史上有"正始之音"的说法，指的是三国曹魏正始年间，以王弼、何晏为代表的思想界，运用辨析、论难、评判的方法，以《老子》、《庄子》的思想解释《周易》，建构"以无为本"的哲学思潮。"正始之音"是两汉经学转化为魏晋玄学的起点。

第二节　王弼

王弼、何晏是魏晋玄学的代表人物，他们推翻了汉人的经学而另树一帜，时人称之为新学。其实，玄学是派中有派。根据魏晋玄学家不同的兴趣和风格，根据各自表达哲学思想的不同方式，人们一般把玄学家分成名理派与狂放派。王弼、何晏代表的是玄学中的名理派。名理派的代表人物有何晏（190—249）、王弼（226—249）、裴頠（267—300）、郭象（252—312）等。一般来说，名理派成员多为严肃的哲学家，他们很想干一番事业，对本末、有无、体用、一多等高度抽象的理论问题进行了艰苦的探讨。当时的学术界开始复活了名家的学说，有不少材料可以证明惠施、公孙龙的观点相当流行。名理派吸取了以往名家的长处，研究了惠施、公孙龙，把玄学与所谓的名理结合起来，称为"辨名析理"。他们讲究语言的艺术，注重理论的思辩性，一个名词，一个定义，都要追求它的精确性与实在性，并对政治理论、道德、人生做了有益的探讨。

该学派的创始人可推何晏与王弼。何晏是汉大将军何进的孙子，又是曹操

王弼

的假子，属世族名门，富贵公子，有地位、有影响，是位政治家，颇有经国才略。王弼虽较何晏晚出，但为后起之秀，是魏晋玄学中最出类拔萃的人物。史书上说，王弼幼时就十分聪明，善于观察，十岁时就能辨善言，一天，还是孩童的王弼去拜访名人何晏，起初谁也没有注意他，当何晏那些学界名流兴致勃勃大谈阔论时，王弼突然发言，一言中的，顿时四座愕然，鸦雀无声，王弼成了谈话的中心，王弼因此也名声大振。虽然何晏提出了以"贵无"为特征的正始玄音的基本命题，即"天地万物以无为本"，然而真正说来，王弼胜过了何晏，他是玄学理论体系的奠基人。何晏自己承认不及王弼，在《世说新语·文学》篇中讲到，何晏原来在为《老子》作注，后来知道了王弼注《老子》的精心构思，自叹不如，不敢再做声，于是就不再注《老子》，而改成《道德论》。何晏并没有全面论说本末、有无的关系，也很少涉及动静、言意等玄学的一系列重大理论问题。尽管王弼不过活了24年，但著述很多，如《老子注》、《周易注》、《论语释疑》、《老子指略》等，他擅长玄理论辩，才识卓越，当时的玄学首领说后生可畏，可以和他谈天人关系这一最高的哲学问题。晋景帝对王弼的死甚为惋惜，连声说天老爷抛弃了我。在王弼身上有一种玄学远离事务的风度，不善于办事，另外他在与人辩论中常以所长笑人，所以人缘不太好，受到不少人的怨恨。

　　有无问题，是玄学讨论的一个重要议题。在汉代，人们讨论最热烈的是宇宙生成论，诸如宇宙的起源、结构、演变等问题，但到了魏晋玄学，就发展为本体论上的"有无之辩"。它与当时讨论的自然与名教、有为与无为是密切相关的，反映了从汉末到魏晋，人的思想由具体人事到抽象玄理的发展趋势。

　　当时何晏十分赞赏"天地以自然运，圣人以自然用"的论题，说这是最深奥、最深刻的道理，能与天下一切事物相通，因为自然就是道。道的一个特征是无名，就因为无名，所以才能与天下之名相通，才能用道统称万事万物。哲学成就明显高于何晏的王弼,从本体论的角度提出"以无为本",他首先从本与末的关系上加以证明,"天下万物,皆以有为生,有之所始,以无为本。将欲全有,必反于无也。"(《老子注》40章)具体事物表现为有或存在,但任何"有"的产生,都以无为本源,"有"始于"无"。这里的意思不是说天地开始前有一个"无"的阶段,而是说任何事物的生成要依靠"无",所以要保全"有",必须守住"无"。这与老子说的"天下万物生于有,有生于无","道生一、一生二、二生三、三生万物"的宇宙生成观不同,其间看不到宇宙演变的阶段。这里的"无"就是道,它贯通于一切事物,道无所不通,天下万物无不由道所生。顺便指出,王弼在论证以无为本的过程中,在中国哲学史上第一次明确提出了"体"与"用"的范畴,要求"以无为本,以无为用"的"体用不二"的观点。箱子不仅是一个物体,还能让人装东西,丰富多彩的外部世界,是因为道成了万物之本,它是道这个本体的作用与表现。然后王弼又从多与一的关系上对贵无作了证明。世界上万事万物尽管各有各的形状,各有各的变化,但万变不离其宗,九九还是归一,这里的宗或一就是无。根据王弼的解释,它像车轮一样,车轮所以能够转动,是因为车轮中间有一个虚孔(无),虚孔把30根车辐统一起来了。不管当时人们的政治倾向和个人遭遇有何不同,但王弼的贵无论实际上曲折地反映了整个门阀士族①夺取最高权力的要求。

王弼的本体论很注意处理与孔子的关系。尽管道家是儒家的最大对手,尽管孔子在汉代曾经达到的空前绝后的地位反而增长了人们的怀疑意识,但在大多数新道家看来,孔子还是圣人。当然,这时候的孔子已经不是原来意义的孔子,而是道家化的孔子。《王弼传》

---

① 门阀士族　中国东汉后期至南朝末年在社会上有特殊地位的官僚士大夫结成的政治集团。

记载了这样一个故事:王弼20岁时去拜见裴顾,裴顾问道:"说到'无',确实是万物所依赖的,孔子这一圣人对'无'不肯发表意见,而老子却一再申诉不已,这是为什么?"王弼回答说:"圣人体察'无',而'无'又不能解释清楚,所以谈到'无'必定会推及有;道家老庄也免不了谈到'有',用以补充解释圣人所阐述的不足之处。"在王弼看来,孔子所以能够成为圣人,是因为他心中有无,但无名的领域是不能直接用言语表示的,而老子是处于有而追求无,二人的角度是不一样的。尽管这一说法的实质还是老子战胜了孔子,但这毕竟是一种调和,是儒道合流的一种表现。由于孔子在中国的先师地位已经确立,也因为一些重要的儒家经典已被新道家所接受,这就有了诸如何晏的《论语集解》,王弼的《论语释疑》等。需要说明的是,尽管王弼没有表现出与孔子的决裂,但无论如何,在王弼一类的玄学家那里,看不到汉代经学家所讲的象数禨祥。这种革命的态度,引起了已经没有多少影响的一些儒家的恶骂。

王弼的这种思想是相当深刻的,他直接探索宇宙的本质,把哲学的重点放在万物得以存在的根本问题上,可以说,以后玄学所讨论的话题,都是在王弼的基础上进行的,都是对王弼有无问题的延伸,他不但把战国时代种种形而上的学说融为一体,创立了玄学,而且为外来佛学的发展提供了空间。

竹林七贤

第三节　嵇康

嵇康是三国时期著名的思想家、文学家，他所代表的是玄学的另一派狂放派，这一派以不遵守礼法，任诞狂放、随心所欲为特点，他们不认真做事，不研究宇宙本体的理论问题，而喜欢谈一些如无为、养生、梦、情无哀乐等话题。这一派名流很多，他们反对礼法，轻视儒家，常常不说话，少说话，说怪话，言行与世相背，引起后人的种种批评。这一派的人物不少，除嵇康外，还有阮籍、山涛、刘伶、向秀、阮咸、王戎等人。他们志趣相同，常常一起到风景优美的竹林里，肆意畅饮，由于他们代表了当时的风气，后人称他们为"竹林名士"。关于他们，有不少传说。刘伶，以饮酒著称。有一天，他想喝酒，他妻子把酒倒掉，把酒壶摔了，并劝他说："你喝酒太多，对身体没有好处，一定要戒掉。"刘伶说："你说的对，但我自己克制不了，只有向鬼神发誓以后才能彻底戒掉，你去准备酒肉吧！"妻子看到浪子居然回头，很高兴，就把酒肉摆在神前，让刘伶去发誓，刘伶跪着说："天生刘伶，以酒为名，一饮一斛，五斗解酲。妇人之言，慎不可听。"说完后又照样喝酒吃肉，喝得烂醉如泥。晋代时有个做官的叫毕茂世，常常因酒误事，但他不以为然，他觉得，一个人如果能够一手拿着螃蟹，一手端着酒杯，浮在酒池中间，痛痛快快地喝，就应该心满意足了。"身后留名，不如身前一杯酒"，饮酒实际上是魏晋名士的一种风度，当时有人就认为，经常无所事事，畅怀大喝，熟读《离骚》①，就可以当名士。这与古希腊人常借祭酒神来摆脱理性的束缚，以进入到非理性的狂迷状态不同，汉末饮酒成风，除了用喝酒

---

① 《离骚》　屈原最杰出的代表作，也是中国古代最长的抒情诗。全诗长达372句，闪烁着理想主义的光芒。

作为保护手段,借酒可以获得一种精神自由与解放外,还表达了人们对生命的追求和对死亡的恐惧。

不能说狂放派人士是极端纵欲的腐朽人,实际上他们偏重于在行动上否定传统,否定经学家的繁文缛节。可以以"风誉扇于海内的"嵇康为例。他为性好酒,傲然自纵,常借"他人之酒杯,浇自己胸中的垒块",当他昔日的朋友山涛推荐他做官时,他断然拒绝,写了一份绝交书,说他做官有"七不堪"、"二不可",合起来称为九患。这九患就自己来说,是对自然本性的约束,就社会而言,又违背了入世做官必须遵守的习俗与规范,归纳起来其主要内容是:我历来"非汤武而薄周礼",言行不合人伦之礼、朝廷之法,与"世教不相容",是社会最不能容忍的;不喜欢与俗人交往,与礼法之士不喜欢各种应酬,一旦做官,就要与他们共事,要经常听他们的鼓噪,被迫施展各种伎俩阿谀奉迎,戴上各种面具与他们周旋,进行礼尚往还;不愿接受官场的约束,自己喜欢睡懒觉,但守门的差人却很早就来敲门催人上朝;从来喜欢保持心灵的宁静,而做官却要被各种琐碎的事物所困挠;说自己脾气"刚肠疾恶,遇事便发",不谨慎,反添累,容易遭到人们的埋怨、中伤或憎恨。这些言论实际上批判了所谓的"礼法"、"礼法之士",揭露权贵们的虚伪。所以鲁迅就说:"非薄了汤武周礼,在现时代是不要紧的,但在当时却关系非小。周公是辅成王的;孔子是祖述尧舜,而尧舜是禅让天下的。嵇康都说不好……"在这点上,他得罪了司马氏,因此就非死不可。果然他们借故用钟会②的话说是找了一个理由把他杀了。

---

① 吕安事件　吕安和他的哥哥吕巽本来都是嵇康的好朋友,后来吕巽强奸了吕安的妻子,并想长期占有。吕安得知后大怒,他想到官府去告发哥哥。于是去找嵇康商量。嵇康考虑到吕家的名声,就劝吕安先忍耐一下,以调解人的身份去找吕巽。吕巽当下表示认错。没过多久,吕巽竟暗中向司马昭诬告吕安"不孝",打母亲,要求治其罪。司马昭向来标榜"以孝治天下",于是逮捕了吕安,并把他流放到边远地区。嵇康想不到吕巽如此卑鄙,写下了绝交书,痛斥吕巽失信忘义。

② 钟会(225—264)字士季,三国时魏国谋士、将领。

嵇康临行时从容自若，神气坦然。曾有三千太学生上书，当然，最后没有什么结果。

嵇康对社会的反抗、对统治者的抗争，实际上打出了一面思想旗帜，用嵇康在《释私论》讲的话就是"越名教而任自然"。名教与自然的关系问题是玄学时代的一个中心话题，它与有无之说这一哲学基础密切相关。这里的自然指的不是自然界，而是道家说的自然无为的原则。何晏说自然者，道也。所谓名教即"以名为教"，指的是儒家所说的正名定分为主的封建礼教，具体说就是一套在历史与社会中形成的符合封建统治利益的法律、制度、习俗和观念体系的总和，其主要内容是三纲五常。玄学时代一方面由于以黄巾起义为突出代表的下层农民对封建等级观念的冲击，一方面由于封建统治阶级自身的言行相背，名教陷入了严重危机。当时许多文人学子要求打破传统礼教的束缚，随着世道的变化而改变社会的习俗和道德规范，而封建统治者从巩固封建秩序出发，要求维护封建礼法。这样，怎样看待名教问题，成了哲学必须解答的问题。由于在"有"与"无"的讨论中，无具有优先地位，这就使人们的道德观念、价值判断产生了很大变化。王弼提出"名教本于自然"，认为名分是由道分化出来的，是自然的表现，是符合自然的，尊卑贵贱、上下等级之分是自然的本质性规定，不需要做任何人为的改变。他发挥了老子的无为学说，认为无为就是不要运用智巧，故作聪明，而是以自然为法，方的法方，圆的法圆，千万不要以人为反抗自然。他把自然与名教的关系看做母与子，本与末的关系，认为名教可以治理社会，但自然才是治理社会的根本，社会必须以自然为本，"崇本息末，守母存子，无为而治，就能天下太平了。"王弼抬高自然，在主观上是想汲取道家的自然无为来维护儒学的纲常名教，挽救名教的危机，给名教以形而上学的根据，但由于他仅仅把名教置于从属的地位，结果反而使名教处于可有可无的地位。而嵇康向前进了一大步，他"非汤武而薄周孔"，提出"越名教而任自然",认为名教不是出于自然,而是当权的统治者自己编造出来的。他说,统治者鼓吹仁义,是为了束缚人们的思想;制定名分,是为了约束人们的行动;办学堂讲经书,是为了神化自己的统治,而所有这些无非是引导人们去走争名夺利的道路。所以当有人提出"六经为太阳","不学为长夜"时,嵇康针锋相对,视六经为污秽,仁义为臭腐,对名教所推崇的圣人,他不以为然,明确称"老子庄子为吾师"。但嵇康在生活态度上却与庄子大相径庭,庄子很随便,嵇康很执著,庄子反对"师成其心",主张"和之以是非",而嵇康则坚持志向,言行相应。在此,他们体现的不是道家的人生思想,而是儒墨以身殉道的原则精神。

所以,我们不要被嵇康这类狂放人士的表面现象所迷惑。看起来他们潇洒风流,骨子里却潜藏着巨大的苦恼、恐惧和烦恼;看起来他们颓废、悲观、消极,内心深处却是对人生、生命、生活的强烈欲求和留恋;看起来他们放任自然,主张"人性以从欲为欢",本质上却是对自由的追求。阮籍的"人生如尘露",曹操的"对酒当歌,人生几何,譬如朝露,去日苦多",实际上演奏了时代的总弦律,表达了人们对生命的短促、人生的坎坷、悲伤和忧虑。他们告诫大家,旧的伦理道德、规范标准、鬼神迷信都不足信,只有人的生死别离,人的哀伤不幸才是真的,人们完全有必要去追求现实生活中的享受。这一见解是在当时特定条件下对人生、生活努力追求的深刻表现,人们推崇竹林七贤,不是因为他们的功业、节操、学问,而是人的才情、品格、气质和思辩等内在状态。与庄子重自然、轻人为的思想不同,它把人这个主题凸现出来了。

第四节 郭象

郭象（252—312）被人们誉为继王弼之后的大玄学家，在学术上有很高的威望。史书上说，郭象是一个很有辩才的清谈家，但他趋炎附势，喜欢玩弄权术，也有人因此而不以为然。反映郭象最高哲学成就的是《庄子注》。《庄子注》是魏晋时期的一部重要哲学著作，它代表了玄学发展的一个新的阶段，确立了郭象作为哲学家的地位。然而就是因为这本《庄子注》后人常常把郭象与另一个玄学家向秀合在一起，并称向郭。向秀（约227—272）竹林七贤之一，向秀为人比较低调，知名度在竹林七贤中可以说是比较低的，说话不多，向秀十分喜欢老庄之说，少年时就想为《庄子》做注释。当时已经有不少人给《庄子》做注了，有人觉得向秀的想法没有意思，因为这种书聪明人不用看，不聪明的人不想看。向秀的好朋友嵇康也说，《庄子》这本书是不需要作注的，注出来反而就没有意思了。但是向秀还是坚持自己的思想，把庄子精心加以注解。向秀的注解，在当时社会上引起轰动，开启了魏晋时代重新认识庄子的新视域。可惜的是，向秀的《庄子注》已经佚失了。尽管如此，郭象的《庄子注》还是与向秀有关。两本注之间的关系，现在还没有统一的说法，或说是郭象吸取了向秀的注，或说郭象据向秀注修订而成；或说是向秀二人的共同作品。不管是那一种说法，向秀的功劳是不可抹杀的。正因为如此，当我们在论述郭象的玄学理论时，不能忽视向秀的存在。

说郭象是玄学发展的一个重要阶段，主要是因为郭象扬弃了以往玄学讨论的主要话题，把玄学推向了一个新的阶段。玄学的发展有一个内在的逻辑联系：王弼的名教本于自然，并推出崇本以息末的结论，降低了名教的地位，沿着这一思路发展，就有了越名教而任自然，进一步否定了名教的地位，使二者极端对立。当时统治阶级内部出现了一股推崇虚无、毁弃名教的潮流，危及整个地主阶级的利益。这时郭象就出来加以修正。他认为名教与自然是一个整体，不能分成两根小木桩，人们只有维护名教才能取得自由。

郭象认为，名教是圣人穿着自然这双鞋子踏出来的形迹，变名教与自然的关系就是脚印与脚的关系，两者是一致的，就是说，名教即自然，自然即名教。当然，郭象理解的自然必须与现存相符合，譬如"臣妾之才，而不安臣妾之任，则失也。故知君臣上下，手足外内"，就等于知道了天理自然。如果人们不懂得这一道理，去追求本不属于他的东西，就会天下大乱。根据名教即自然的观点，郭象又讲无为就是有为，它"任其自为"，又"率性而动"，无为不是不做事，而是要做正当的事，使百官各尽其能，万物各有其用，因而无为与有为是统一的。这不同于王弼的含有无为与有为对立萌芽的"天地任自然，无为无造，万物自相治理"；也不同于嵇康要统治者无所作为，直接把有为与无为相对立，而是"崇简易之教，无为之治，君静于上，臣顺于下，玄化潜通，天人交泰"，从而对玄学关于名教与自然的关系作了总结。

名教与自然的问题根本上反映的是玄学家对有无问题的看法。王弼的以无为本，遭到了一些人的反对，生活在西晋王朝开国之初的裴颜从巩固当时的统治秩序出发，在政治上不赞成贵无贱有。在他看来，所谓有就是现存的东西，如果忽视现有的东西，政府的管理是难以进行的，社会的道德与风俗必将受到破坏，从哲学的角度说，也是把有无分成了难以统一的两端。因此他从道是本体，道总括万物观点出发，提出绝对的无不能产生有，万物的开始与生成，都是自己生出来的。他认为，万有都是互相支持的，每一个事物都是全体的一部分，都有各自的规定性，因此不能自足，需要依靠别的东西作为其存在的条件。既然如此，一切生长变化的东西，都以自己的存在为依据，那么失去有，也就是丧失"生"。所以他批评王弼，说他的贵无与"老子"的"虚无"是不同的，老子是"以无为辞，旨在全有"，而王弼则是一种以无为本的偏见。

这时候郭象站出来了，他提出了"独化于玄冥之境"基本命题，首先扬弃了王弼"有生于无"的论断，认为有与无是不同的，无不能生有，有不是从未生状态或他物产生的，而是自生的，自然而然地产生；抛弃了"崇有论"所说的具体事物都是"偏无自足而有待于外"的命题，这里的"待"是依靠、依赖的意思。由于"所待"是无限的，这将导致在逻辑推理上无穷尽地往上推。所以具体的事物也不能生成万物。他认为，只有承认有是无待物，不必依赖于他物而自生，在逻辑上才行得通，这样就有了独化的含义，即现象界的一切事物是独自地、孤立地、无所凭借而生成变化，事物的运动是"生者自生，死者自死，方者自方，圆者自圆，未有其根者"，"有"不需要任何条件，这与当代现象学①的"现象之外无本体"的学说相近。

然而独化主要讲的是物的生成，而"玄冥"则表明宇宙万物存在于什么样的关系中。独化于玄冥之中，使人们对有与无的关系有了新的认识。当时不少人认为，各个具体事物之间存在着一种依赖关系，例如树与树影的关系，并最后将其依赖于造物主。郭象的"独化说"认定，造物主是没有的，事物间的依赖关系是不存在的，只有一个独立自存、自己运动的具体事物。但是这并不意味着事物之间没有联系，即使最微小的事物，也都在玄冥之境中得到统一。"玄冥"是《庄子》书中原有的一个术语，描述的是昏暗幽森，混沌不分的状态。它是对贵无与崇有扬弃的结果，是一种彼此相因，相反相成的"玄合"，一种"有而无之"的联系。因为玄冥者，"所以名无而非

---

① 现象学phenomenology，20世纪在西方流行的一种哲学思潮。

无"，无是无形无象的虚无，就本体论意义而言，郭象的"玄冥"有两层意思，一是交臂失之，用"人不能一次踏进同一条河流"的绝对运动观，把有与变化的绝对性统一起来来说明有成了无。第二是各种有在所谓道的无形的联系中形成整体。无形的联系可指唇与齿的关系，看起来它们好象互不依赖，但一旦嘴唇没有了，牙齿就会感到寒冷。

这样，郭象扬弃了王弼"有生于无"的论断，接受裴頠的"始生者自生也"的说法，认为万物独化，突然自生，然后借助一套思辩逻辑的方法证明，在这万物独化之中，有一种玄冥之境存在，它表明有和无这两个概念本来是同一的。所以，郭象的观点既不是贵无论，也不是崇有论，而是玄学关于有无学说发展的第三种形态。

不能从"唯心"方面过多责难这些哲学家，实际上这些哲学家反映了一个哲学重新解放、思想非常活跃、问题提出很多、收获颇为可观的时期，其思辩哲学所达到的纯粹性和深度方面却是空前的。以王弼为代表的玄学，超越了烦琐和迷信的汉儒，产生了一种纯哲学。

思考题

1. 分析道家复兴的历史背景与社会原因。
2. 王弼贵无论的实质是什么？
3. 分析嵇康越名教而任自然的理论意义与现实意义。
4. 为什么说郭象是玄学发展的一个重要阶段？

第三篇　经学、玄学与理学

第十三章　程颐、程颢与朱熹

两汉以后，以经学为表现形式的儒学由于墨守师说，拘泥于训诂，不谈哲学思想，远离时代需求，致使儒家活力日渐消失，危机重重。对儒学给新的解释，充实新的内容，作出新的发挥，就成了后来儒家的主要任务。促成儒家新发展的思想材料除了来自儒家自身以外，还来自以前与儒家相对立的佛教与道教。虽然儒、道、佛是异质的，但从隋唐以后，三教互相影响日趋合流。隋朝有一个哲学家叫王通，当有人问对三教的看法，他回答说：三教不可废除，如果像以前的魏太武帝、周武帝那样用武力取缔佛教，只能推波助澜，吹风煽火，效果适得其反，由此，他提出了以儒家为基础，三教合一的思路。王通的这一反映时代发展趋势的主张，为不少统治者所接受。唐德宗生日，就叫和尚、道士、儒生同聚一堂，互相交谈。另外像唐代著名诗人李白、王维、杜甫的诗都是三教合流的结晶。整个历史的过程展现为，先是三教互黜，互量得失，当看到儒学重于伦理实践而疏于哲学论证，佛学精于哲学思辨而流于寂灭空虚时，旧的思想基础就重新整合，实现三教合流，形成了吸取佛老思想，以儒家伦理纲常为核心内容，以精巧哲学思辨为理论基础的新儒学——道学。道学，突出了对儒家传道系统的尊重，一段时期内，道学成了一种时髦，很多人都争着模仿道学家的风度，流传着不少笑话。有一位道学先生到城里去，在大路上恭恭敬敬地弓着腰，背着手，专心致志地走着四方步，每一步都不超过规定的角度与距离。后来感到累了就回头东张西望,知道没人了才直起腰干,撩开大步。由于道学重视阐释义理,兼谈性命,又可以叫理学。不管是道学还是理学,今天我们多称为宋明理学,程朱理学与陆王心学是其中主要的两大学派。

第一节　理学的奠基人程颐与程颢

　　程朱理学是由程颐、程颢与朱熹共同创立的,一般人们把二程即程颢、程颐看做是这一学派的首创者,朱熹为集大成者,他们三人的思想是一致的。这个思想也传到了国外,日本学者沟口雄三在《中国

程颐　程颢

的思想》一书中也说，由于二程子之学与朱子之学的深刻联系，也将狭义的宋学称为程朱学。实际上与朱子思想融为一体的主要是二程中的程颐，又称伊川。造成人们误解的主要原因是《宋元学案》一书的作者黄宗羲，他常常不区分什么话是程颢说的，什么话是程颐说的，而笼而统之地以"二先生语"来表示。

程颐与程颢是兄弟俩，出生于官员家庭，十五六岁时听从父命受学于理学家周敦颐。两人虽为兄弟，但处事、性格颇有不同。程颢少年中进士，后任地方官，强调管理政务必须以教化为先，所以他常常利用闲暇时间去学校检查教学，并选拔优秀弟子讲授儒家之道，在儒学的旗帜下聚集了一大批信奉者。他为人宽厚，平易近人，待人接物一团和气，很得百姓爱戴。程颢曾入朝做官，他坚决反对王安石变法[①]，后回乡做闲官，十几年一直在家从事教学，明确非孔子之道不可学。程颢的中正使他具有很强的人格魅力，许多人不远千里向程颢求教，据说是"士人从学者不绝于馆"。程颐是程颢的弟弟，从小就养成了非礼不动的品性，他的性格严谨、严格律己，有时显得刻板。他自小不肯乘轿，在他看来乘轿如同以人代畜，对棋琴书画、花鸟虫鱼他一概拒绝，认为这将使人玩物丧志。有一次他朋友请他赏花，再三邀请才勉强与朋友同行。这种性格，多少有些伤人。他与程颢去朋友家做客，按当时的习惯，请歌妓陪酒唱歌是风雅的表现，然而程颐一看到有几个艳丽的美女，马上对主人说，"对不起，我忘了一件要紧的事，必须马上去办，恕不奉陪。"说完扭头就走，第二天还连连责怪程颢，认为这是一种放纵。他甚至对皇帝也相当认真，他当过皇帝的

[①] 王安石变法　北宋时期的一场政治改革。担任参知政事即宰相的王安石，在皇帝神宗的支持下，围绕"理财"和"整军"两大课题，积极推行农田水利、青苗、均输、方田均税、免役、市易、保甲、保马等新法，力求改变北宋积贫积弱的局面，史称"王安石变法"，它对当时的生产力的发展，减轻人民的负担具有一定的积极意义。

老师,在皇帝面前讲师道尊严,坚持要坐者上课,这种风格最后的结局就是走人。后来他的好朋友在临死前"举张两手"加以劝告,意思是路径宽了,自己走路也方便,路径窄了,自己走路也会很困难的。程颐与程颢的这种性格差异,丝毫不能影响他们对宋明理学的贡献。

二程是宋代理学的真正奠基人,天理论是他们学说的最大特色,它不同于以前的哲学家把"太极"作为世界的本体,也不同于把本体的太极归之于"心"或道,而有所创造地主张把心或道归于理或"天理"。"理"这个汉字,以"玉"字为偏旁加"里"字组成,意即玉石的纹样、脉络。作为哲学范畴的"理",起源于战国中期。我们在《论语》、《老子》中看不到"理"这个字。以后"理"慢慢成了内在于物或与物相即的,作为根据或法则的一种观念。到了宋代,"理"成了一个儒家的重要哲学范畴。北宋初年,一位政治家赵普在回答宋太祖天下何物为大的问题时,反复考虑后说"道理最大",得到了赞赏。在此,道理是作为理的同义词使用的,赵普以道理为大,可以说是程朱理学的前导。但"理"在二程那里却有了新的含义,按照程颢自己的说法,天理两个字是他自己生活中感受、体验、琢磨出来的。从二程开始,"天理"成了宇宙本体,成了哲学的最高范畴,全部学说都是建立在"天理"这块理论基石之上的。

一、二程的"天理"

到底理是什么,二程自己没有明确表述其确切含义,但在二程的著作中,讲到理的地方很多,从中可以看到"理"所具有的一些特点。第一,理是具体事物的准则。万物都有各自的理,人必须认识并遵循这个"理",顺之则易,逆之则难。以作为人们劳动工具的牛马而言,骑马服牛,是理所允许的,如果有人偏偏要骑牛服马,那就表明他不懂牛马之性,是理所不允许的。第二,理是客观实在。天下只有理才是真实的,二程用了荀子的话说理是"不为尧存,不为桀亡",理是宇宙万物的本原,一物有一物的理,万物有万物的理,但"天下只有一个理","万物皆只有一个天理",所以一物之理就是万物之理,可以推至四海而皆准,这就很容易得出"万物皆备于我"。第三,理不仅是自然界的最高原则,而且也是社会最高原则,除了关于物的理之外,还包括封建社会伦理道德规范。处于社会关系中的每一个人都有自己的位置,要安于其位。如果每个人都到位了,社会就运作正常,人就万事如意,如果位置不当,则为社会所不容。象父子君臣,他们的合理位置应该是父慈子孝,君仁臣教,这样才能使"天下顺治"得到保证。一个好的统治者应该是让人们"各得其所",限定在他应该做的范围内。最后,理先于物而存在。因为理是永恒存在的,没有变化的。人是否感觉到或知道不知道理,与理的存在无关,理寂然不动。皇帝做得好坏,对如何做皇帝的理不增加一分,也不减少一分。许多人不知道这个道理。事实上,二程的理具有天命的含义。一切不"待人安排",不掺加人为的因素,理所以能称为天理也与此有关。

二程提出的这个总括天地万物的理,是有实际意义的,他们想用精神的东西来支配物质的东西,这一点"万物皆备于我"说得很清楚了。它又想把自然世界道德化,这就使一个"理"有着不同的表现。二程的理,类似于希腊哲学家柏拉图的理念。柏拉图认为理念是独立于事物和人心之外的真正实在,理念是永恒不变的,与世界万物同一的,以至于发现理念的系统——即主要从对数学、道德的探讨中形成理念实在的过程,与二程理的思想也是十分相近的。

二、格物穷理

什么是格物,格就是追求,穷的意思指的是一切事物,格物就是穷理,穷万物所以然之理。怎样格物?二程提出了不少想法,你要有诚意用心思考;格物之道没有固定的模式,可以读书,可以议今古人物,也可以接触实际事物;格物不是一朝一夕的事,需要有一个过程,今日格一物,明日格一物,日积月累,融会贯通。格物不必远求,可"反之一身,求于内",心体力行。

格物穷理,获得了知识,还要付诸实行。这就是哲学上讲的知行关系。二程强调知在行先,知就好像夜间走路必须有灯一样,又像人出远门,必须知道怎样才能到达目的地,然后才能去一样,当然知行还要结合。"涵养须用敬,进学则在致知"这句名言,表明这两方面功夫不可缺,如果不格物穷理以致知,不知用敬的道理,那就不知道怎样"用敬"。二程在这里虽然说的是二者的结合,从更深处看,还是把知为行之先,重知轻行。所以他说:"君子以识为本,行次之。"格物穷理,究竟理在哪里?"在天为命,在义为理,在人为性,主于身为心。"这就是说,作为自然之理,是不可违抗之"命",作为社会的理,则表现为规范行为之"义",作为人之理,则是先验之性,作为个人的身体而言,是主宰之心。这就表明,二程的理牵涉到几个主要领域。就自然而言,涉及的是道与器的问题。道他称之为形而上的东西,指的是理;器是形而下的东西,指的是具体事物。道与器虽然不能分割,但不能以此为道,受宋代张载用气解释万物生成的思潮的影响,他把道看成是阴阳之气与万物变化的根本原因,气的运动所导致的种种变化,都是形而下,有理则有气,道生万物。

理又可以作为人的本性,"性即理也",理是人一生下来就有的,是先天既定的,它是人之所以为人,圣人所以为圣人的根据。说人性本善,就是从人之本性的意义上说的。另一方面理可以表现为气禀之性,因为气有清浊之分,人如果接受的是清气,那就可以成为贤者,如果接受的是浊气,那就成为愚者,人所以有善恶之分、贤愚之别,其依据就在于此。说"生之谓性",讲的是人的先验性;说气禀之性,讲的是后天形成的人的本质属性。应该从理与气的关系中讨论人性，论性不论气，那是不完整的，论气不论性，那是不明确的。人的二重性会引发天理与私欲的矛盾，于是二程就要人"存天理，灭人欲"。实现这一目标的主要手段是道德修养，那就是所谓的"涵养须用敬"，敬是一种功夫，是要人高度集中注意力，去遵守封建社会的伦理，而不能有丝毫的背离。从而达到"胜其气，复其性"。这样一来，二程"理"与心一，与己一。

如果以为二程自己就是按照这一原则行事，那就错了。像程颐就非常老于世故，当上下有两种不同意见不能沟通时，他认为最好的办法是装糊涂，以求安全。他对妇人很残忍，认为如果一个男人娶寡妇为妻，等于自己失节，孤孀无依无靠，即使冻死饿死，也不能再嫁，因为"饿死事极小，失节事极大"。中国封建社会的统治阶级所推行的"饿死事小，失节事大"，就是从程颐开始的。

二程的天理观，提出了程朱理学的根本主张，建构了理学的初步轮廓，使理学成了比较完整的思想体系。正是在这一意义上，我们可以说，二程是理学的奠基者，真正继承、发挥、发展，并使理学取得完备形态的是理学集大成者朱熹。

第二节　理学集大成者朱熹

在朱熹在世的那几十年里，那个朱熹自称为"常谈之中自有妙理，死法之中自有活法"的理论，不时受到人们的责难与批评。据说朱熹曾作为皇帝宁宗的侍讲，专讲《大学》。没多久，宁宗就免去了他的侍讲职务，说"朱熹之言，多不可用"。对朱熹上奏时提出的各种意见不发一言，把他冷在一旁。当时许多人称朱熹道学是"伪学"，道学声名狼藉被禁止，朱熹被降官，考进士的凡讲到程朱义理，一律不予录取，凡属于伪学一派，一律不能当官，这一局面到了朱熹病死之际也没有改变。

不过，朱熹的这一遭遇应该说还是短暂的，在朱熹死后的二三十年里，道学又很快开始成为热门了。当时的皇帝理宗对朱熹的儿子说，读了他的书，实在爱不释手，"恨不与之同时"，说他反复阅读，因为"有补于治道"。于是，朱熹被追赠太师，封为国公，朱熹注解的四书，由于理宗的推荐，成了儒学的必读课本，凡是参加科举考试，希望获得名次的人，都必须遵照朱熹的注解来解释经典。这一作法，一直沿续到1905年科举废除，兴办学校为止。朱熹的牌位也被抬进孔庙，成为从祀者。

由于朱熹精通经史，熟悉佛道，重视科学，追求的是"致广大，尽精致，综罗百代"的哲学体系，使他成了渊博的大学者，他思想精深，集理学之大成，使他成了著名哲学家。尽管朱熹以后理学家辈出，但就思想的深度与广度而言，很少有人超过朱熹。朱熹思想对中国社会的统治，至少可以延伸到19世纪中期，以至于康熙认为朱熹的一句一字都是真理而不可更正。

朱熹的学说也超出了国界，日本学者把朱熹学说称为朱子学，并认为朱子学对国外的影响是一个东渐的过

朱熹

程，14世纪影响朝鲜，17世纪影响到日本。这种影响，在朝鲜产生了用朱子学考察人性伦理的哲学家李退溪；在日本产生了以朱子学解释日本神道的哲学家藤原惺窝。这表明，"朱子东渐是有关各国都出现过的共同的学术潮流，当然由于各国的独特性，朱子学的展开在各国都别具一番风貌。"

正是在这个意义上，国外的学者说，朱子学的出现是"东亚世界思想史上的一大事件"，是末期封建社会巩固发展的需要。它在本质上是"近世纪社会的思想"。

一、理与气

朱熹哲学的核心是理。那么什么是理，理是怎么来的呢？朱熹借扇子来说明他的观点，他说，扇子一方面是个物，另一方面又有扇子的道理。怎样做扇子，怎样用扇子，扇子的摇动与停住，都是哲学上所谓的"理"。这个理与物又可以理解为道与器。朱熹有一段话说得更明确，理是"其所以然是故"，"所当然之则"，"自不容己者"，形成某一事物的具体原因，是人合目的性活动所应遵循的准则、规范，含有"不为尧存，不为桀亡"的意思。按照朱熹的说法，在天地人物产生之前，理已经先存在了，并且，无理就无天地，无人物。朱熹说的理是"实其理"，与佛教的"虚其理"相对立。他批评佛教是"终日吃饭，但没有咬碎一粒米。终日著衣，却依旧赤身裸体"。而且理又是无情意，无形迹，是没有情感的。不能赏善罚恶的，是看不见摸不着的精神实体。

在构建封建理念的框架结构时，朱熹的做法与古希腊哲学家柏拉图相似。柏拉图认为，世界是由不同层次、不同类型的理念构成的王国，善是一个最高的理念。朱熹则认为，各事物有各事物的理，最高的理为太极。在汉字中，"极"的本义为屋梁，在屋正中的最高处，太极表明它是最高的，包括一切的，是万物之理的最高概括。"总天地万物之理，便是太极"，它"至高至妙，至精至神"。

理作为世界的本源，怎样派生出千差万别的现实世界，这是一般客观唯心主义所难以回答的问题。朱熹很聪明，他在理与物之间引进了气的概念，气成了派生万物的一个媒介，一个工具。朱熹把气看作是一个能够"凝聚"，能够造作，可塑性相当强的一种东西，气能凝聚生物，气为理提供了居住的场所，如果没有气，理就没有"安顿处"，理气是相依的。就具体事物来说，理气不可分，任何具体的生成要有理，也要有气，但就形而上下来说，则理先气后，未有君臣已先有君臣之理，未有舟车，已先有舟车之理。这里容易产生一个问题，似乎理与气无先后、主次之分，为防止误解，朱熹反复强调，以理为主，以气为从，以理为先，以气为后，理与气的相依关系，就像人"骑"马的关系，马"能载人"，它必须听从人的指挥而奔驰，人为主，马为从，人骑马，马被骑。与二程相比，气在朱熹哲学中的地位远为重要，作用更为明显，规定更为详尽。

这里，朱熹的哲学结构就很清楚了：从上推下来，是理→气→物；从下望上推，是物→气→理。

二、一分为二与理一分殊

世界上万事万物是由理借助气化合而成的，其化合的方式就是"一分为二"。在朱熹以前，邵雍也讲一分为二，二程有"万物莫不有对"之说，张载讲一物二体。朱熹的发展是，不像他们一分为二分到四就终止了，而是无穷可分，他同意先秦辩者"一尺之棰，日取其半，万世不竭"的思想，认为"一分为二，节节如此，以至于无穷，"都是一生二。二程把人性分为仁义礼智四者。朱熹则说，仁义礼智只是种子，那恻隐、羞恶、恭敬、是非就是种子所生的苗。这里讲的一生二实际上是一种形式。"一分为二"就其内容而言，是说"一"有互相排斥、互相对立的两端，两端互相依存的共同体就是

"一"，这实际上就是相反相对，相辅相成。所以朱熹称赞张载的"一物二体"的提法，说"此语极精"。朱熹在谈"一分为二"时，有些想法是很了不起的，对立面的相互渗透，事物有阴有阳，阴中有阳，阳中有阴；相辅相成不仅存在于事物间，而且也存在于事物内部，如男人属阳，但不能说没有女人的因素；女属阴，但不能说没有男人的成分。

说一分为二是无穷的，并不等于说什么东西都可以分。这就是朱熹想讲的理一分殊的问题。有两个人们比较熟悉的例子：长江水，如果用桶打水，得到的是一桶水，如果用盆打水，只得一盆水，由于各盛器容量不同所以理也因之而异。这里的长江水，叫做"理一"，由于容器不同，虽然水还是水，但量有差异，这就叫分殊。长江水与各容器内的水的关系就是万殊归于一理。佛经中"月印万川"的比喻，也被朱熹用来说明"理一分殊"的。天上的月亮只有一个，但印在江湖河川里的月亮难以计数，多不相同，这不是说水中的月亮只是天上月亮的一部分，而是全体，太极与物也是这样一种理一分殊的关系。

说理不可分，显然暴露出朱熹理论的不彻底，因而他讲得多的是分殊，他认为，从万物的本原讲，理同气异，就万物的差异而言，则"气相近而理不同也"，天地万物，各有各的理。一座房子，厅与堂的理不同（整体内的各部分）；果木中李树与桃树的理不同；个体中张三与李四的理也不同。显然，朱熹对理的分殊更细致了。

三、知先行后与格物致知

朱子的哲学有"八条目"之说，它是指"格物，致知诚意，正心、修身、齐家、治国、平天下"。这里的关键是格物、致知，格物致知做不到，后面的几项也就无从谈起。

格物致知，主要集中在《大学章句》"格物致知补传"。根据朱子的看法,"人心之灵,莫不有知","天下之物,莫不有理"。尽管人的知是天赋的,尽管心中包含"万理",但是心不能直接认识自己,必须通过格物,穷极事物的理,来唤醒自身心中之理。随着格物穷理的不断深化,就会产生飞跃,豁然贯通,这就是对理的认识过程。这里,认识可以分为两个阶段,首先是格物穷理。格是"尽""至"的意思。要穷理必须穷尽,穷到底,穷得彻底,这就像吃果子一样,要去其皮,食其肉,咬其核,每一种味道都要尝遍,这才算是真正的格物。当然,朱子的格物,主要指的是要人们怎样去实行三纲五常。人在社会上,总要处理君臣、父子、兄弟、朋友、夫妇的关系,君就要尽仁,臣要尽敬、尽事,父要尽孝……如有一丝不尽,就不能算穷理。

朱子认识的第二阶段是致知,即推致我先天固有的知识。"致,推极也;知,犹识也。推及吾之知识,欲其所知无不尽也。"(《大学章句》第一章)意思是要使心中已知之理,推开扩展,使认识达到无所不知的极限。朱子要求知无所不尽,并不是要求"物无所不格",恰恰相反,这是他竭力反对的。他说,如果一个人拘泥于一草一木,以一草一木为格物对象,那就像把沙子做成熟饭一样,只是幻想。致知的正确办法是类推,只要在一件事上穷尽了,就能致知。因为"万物各具一理,万物同出一源,所以可推而无不通也"。一个人如果能尽孝道,必然能推及君臣、夫妇之道,今日格一物,明日格一物,推而广之到一定时候,就豁然贯通了。

四、存天理,灭人欲

朱熹有这样一种说法,学做人就要"革尽人欲,复尽天理",这就是他在伦理学说上的基本思想,它牵涉到对人性的基本看法。

朱熹有选择地吸取了历代儒家对人性的看法,在他看来,孟轲讲性善,只说了人性的本原,不够全面,无法说明"恶"是从那里来的问题,荀况讲性恶,杨雄讲人性善恶相混,不知道人性之本,所以都不能说明人性的问题。韩愈的"性三品",想融合以前的不同观点,但还是不知"性之所以为性"。他十分赞赏张载、二程对人性的"天命之性和气质之性"的分类法,认为他们才真正解决了长期争论不休的人性善恶的根本问题,称赞他们"有功于圣门,有补于后学",并对此作了充分的发挥。他认为,从人物之性来讲,理构成人的性,又可叫天命之性,它是没有形影的,只是一般道理。气构成人的形体,理气相杂的人性叫做"气质之性",人必须理气结合,缺一不可,天命之性必须借助气质之性,才能使人成其为人。在用理气关系说明现实的人时,朱熹的说法与二程的大体相似,但在现实的人如何变得更加完美方面,他做了补充。他认为,一方面理是最完美的,反映在每一个人身上,也是至善的,另一方面,人所得之气有清浊、昏明之分。朱熹认为,理气相杂时,理就会产生不同的表象,决定人有善恶优劣之分。人必须把理当作一颗明珠,明珠如果在清水里,则明亮清澈;而在浊水里,则浑不可见。因此要下工夫把浊水中的明珠擦试干净,这个擦洗过程就是朱熹《大学》解释的"明明德"的过程,所谓"明明德"就是"存天理,灭人欲"的功夫。

朱熹认为,存天理,灭人欲是很必要的。因为人性有二重性,他把仁义理智看做是天命之性,饮食男女是气质之性,前者是天理,后者是人欲,天理与人欲不能和平共处,此强彼弱,此进彼退。那里不灭人欲,那里就无天理,天理不能自发扩充。同时,存天理、灭人欲是可以做到的。朱熹认为,存天理、灭人欲离不开精神意义上的心,心可以自觉运用,它对理性思维、情感欲望有能动性。这样心可以分两种,从仁义理智等天理出发的"道心",从人的耳目之欲出发的"人心"。由于有两种心,所以朱熹就告诫人们,人心与私欲相连,所以十分危险;道心与天理相通,所以相当精微。

"灭私欲，则天理自明矣。"所以人必须修身养性，使人心转危为安，道心由隐而显。

儒学自孔子发端后到了朱熹算是最辉煌了。

思考题

1. 分析二程天理观的理论意义。
2. 为什么说朱熹是理学集大成者？
3. 评析朱熹的存天理灭人欲？

第十四章　陆九渊与王阳明

朱熹所代表的理学实际上是宋代社会的产物，到了明代就受到了严峻的挑战，并走上了分化的道路，宋代以后的统治阶级一般推崇的是程朱理学，而站在理学对立面的首先是"陆王心学"。"心学"是宋明儒学的另一个主要哲学派别，也是程朱理学的一个强有力的对手。"心学"的产生与二程中的程颢相关。尽管人们常常把"二程"概念的使用看做是二人思想统一的象征，把程朱理学的"程"看做是二程，但在实际上二程的思想存在着重大差异。朱熹是程颐的继承者，而心学的代表人物"陆王"是程颢的继承者。兄弟二人分别创立道学的两大学派，这在哲学史上是很少见的。

第一节　陆九渊

"陆王心学"中的"陆"指的是陆九渊（1139—1193），因他在江西贵溪应天山的一座象山书院讲学出名，又被人称之

陆九渊

为象山先生。陆九渊接受了程颢天即理、天即心的思想影响，提出了心即理、宇宙便是吾心，吾心即是宇宙的思想体系，关于这一思想的提出，有一些神话性的故事。据说，他四岁时，某一天他突然问父亲"什么是天地的根本"，他父亲回答不出来，以后就一直废寝忘食地思考这个问题。十几岁时，在古书上读到宇宙两个字，其解释是"四方上下曰宇，往古来今曰宙"时，恍然大悟，原来宇宙内的事就是我分内的事，我的事就是宇宙内的事。

一、与朱熹的争论

陆九渊与朱熹是朋友，开始他们之间的关系不错，1181年陆九渊率人去拜访朱熹时，朱熹带了同僚门徒前去迎接，同至白鹿洞书院。此次陆九渊讲"君子喻于义，小人喻于利"，要以义利作为判别君子、小人的标准。他指出一些学者虽然终日读的是圣贤书，但追求的不过是高官名利，"今日人读书便是利，如取解后，又要得官，得官后又要改官，自少自老，自顶自踵，无非为利。"人要做的是堂堂正正的大丈夫。他的一番痛快感人的言语，直指世人通病，致使人心震动，在座的甚至有人为之动情掉泪。朱熹也深受感动，十分赞赏，说他讲得恳切明白，关键突出，直指人心，让人把陆九渊讲课内容写在竹板上，用以提醒大家。当然，这不能掩饰他们之间的哲学思想上的对立。在此以前的1175年，历史上有名的"鹅湖之会"，记录了他们的思想分歧。"鹅湖之会"是当时思想家吕祖谦为调解朱陆矛盾的重要哲学讨论会，会议围绕怎样做学问这一主题展开的。参加者一方是朱熹，一方是陆氏兄弟，陆九渊在这个讨论会上赋了一首诗，诗中讲到"易简功夫终久大，支离事业竟浮沉"，这里所谓的易简功夫与支离事业，谈的就是反映两家基本分歧的方法论问题。陆九渊称自己的学问方法是"易简功夫"，朱熹的为"支离事业"。陆氏兄弟认为，人的认识途径应该由里向外，先从"人的本心"开始，然后有心而发

"博览"万物。而朱熹则颠倒过来,他从每一个个别事物开始,"泛观博览"最后回到对理的认识。这实际上是哲学的一个基本问题:一与多、个别与普通的关系问题,对此,陆九渊批评朱熹太烦琐,"教人为支离",而朱熹则批评陆九渊太简单,"教人为太简",近似禅学。

"鹅湖之会"并没有结果。虽然双方各执一词,不分高下,以后关于太极的争论,把它们的差异表现得更为突出。造成这种差异的很重要的一个原因是他们对待孟子的态度。按照陆九渊的说法,他是"因读孟子而自得之。"与理学家尤其重视《四书五经》不同,心学家往往不重视经书;理学家对《四书》的重视不分轻重,而心学家尤其重视其中的《孟子》。孟子思想中最富于民主的内容例如万物皆备于我和养浩然之气的学说,在心学家那里得到了充分的发挥,但却被理学家忽略了。应该说。朱熹与陆九渊各有特点,朱熹对学术的贡献大,他著述很多,便于后学遵从,有功于文化的传承,陆九渊对思想的贡献大,他强调人的主体性,敢于怀疑,有功于思想解放。

尽管如此,二者在根本上是一致的。明清之际的思想家黄宗羲就挑明了这一点:"二先生同植纲常,同扶名教,同宗孔孟,即使意见终于不合,亦不过仁者见仁,智者见智。"(《宋元学案》卷五十八)他们志同道合,都无背于圣人。

二、以心为本

朱熹讲性即理,陆九渊则讲"心即理",虽然只有一字之差,但却反映了陆九渊心学理论的基本特点。

陆九渊虽然离朱熹自立门户,但并不否定"理"这个概念,相反在与朱熹的辩论中,在阐述自己的哲学思想时,却常常沿用朱熹关于"理"的一些说法,并承认有概括人的行为规范和自然界万事万物的普遍的理,不同的是他认为在这理的背后,支配这个理的是"心",

心与理能够合而为一，理在心中，理服从于心，这就是心即理。他的一句名言是"宇宙便是吾心，吾心即是宇宙"。

一个人的心怎么能够等同于宇宙？陆九渊的说法是"尽我之心，便与天同"。这可以从孟子那里找到出处："尽了人的本心就知晓了人的本性，知晓了人的本性就知晓了天。"他解释孟子"万物皆备于我"的观点，认为"此心此理，我固有之"，就是说"万物皆备于我"，并且这个"我"是"我心"，"吾之本心"。陆九渊把重点放在"心"，认为万物森然于方寸之间。这里的"方寸"就是"我固有之"的"心"。据说陆九渊的弟子徐仲诚一直在体验孟子"万物皆备于我"，经过一个月后，陆九渊就问他"思"的结果，他的回答有点类似于《六祖坛经》里的"身是菩提树，心如明镜台"，说如"镜中观花"，即万事万物皆幻然不实地浮在我心中。对此，陆九渊大为赞赏，说他只求助于内心而不去他求，只说内不说外，是真实的、完备的，人认识世界的道理无非就是"满心而发，充塞宇宙"。这实际上就是陆九渊根据心为本体提出的"切己自发"的认识方法。陆九渊的学生曾问他"先生的学问是怎样来的"，回答是"不过切己自发，改过迁善"，即反省内求，去恶扬善。具体说来，首先是发明本心，肯定本心是真理，一个法官在断案时，不须调查案情，只要求助法官自己的心，因为心无所不通，心知其是非。求助心的办法是："闭目静坐，收拢本心，冥思苦想，向内操守，久而久之，会突然开朗，眼光发亮，万理灿烂。"《宋元学案》卷七十四记载了这样一件事，乾道八年（1172）的五月，陆九渊来到浙江，遇到了杨简。杨简问："如何是本心？"陆九渊的回答只是孟子的话："恻隐，仁之端也，羞恶，义之端也；辞让，礼之端也；是非，智之端也。此即是本心。"杨简很奇怪，这些话自己小时候就知道了，这和本心有什么关系。于是他再三追问，到底什么是本心。但陆九渊始终没有改口，说的还是孟子的那么几句话，杨简还是不太明白。后来，陆九渊观察了杨简审理"讼扇案"的全过程,借此加以引导,他对杨简说,刚才看你断案,要知道,所以会有打官司,是因为其中必有一是一非。是者知其为是。非者知其为非,这就是你的本心。这时杨简恍然大悟,明白本心无所谓始末,它无所不通。于是陆九渊收杨简为弟子,对他领悟力的评价是"一泻千里"。

其次是剥落物欲。剥落实际上就是他所谓的简易功夫。陆九渊认为,人心有病是说人受物欲的影响,心术不正者就会有悖良心,作出与社会不容的事。所以,必须把蒙蔽在人心外面的层层物欲剥离,剥一层,清明一层,反复地剥,一直剥落到彻底干净。就像佛经说的,由于云层覆盖,致使上明下暗,一旦清风吹散云雾,就使日月光明。如果本心真能清明时,那就"外物不能移,邪说不能惑"。虽然陆九渊也讲格物,但他的格物不是格人之外的事物,而是格人心之蔽,并且首先是格那经文传注之蔽。这与朱熹不同,他不主张用读经书来去人欲,认为人如果本心不清明,那书读得越多就会越蠢。

第二节　王守仁

陆九渊虽然反朱熹而行之,创立了"心学",但总的来说,学说还比较粗糙,内容显得空疏,方法比较简单,所以在宋元时期影响不大。明朝中叶出了个王守仁,经过他的发挥,心学才成了完备的体系。王守仁(1472—1529)又叫王阳明,明朝的理学大师、哲学家。他的学说在历史上成了通向思想解放

王守仁

的通道。这种学说不同于程朱理学，程朱理学把天理归结为外在的强制，王阳明则侧重于天理的内在抑制。

王阳明是书圣王羲之的后裔，从小就抱有读书学圣贤的志向。他多次镇压过农民起义，尽管他理解农民的处境，认识到农民起义是因为"或是为官府所迫，或是为大户所侵"，因为镇压农民起义有功，他官职提的很快。应该说，作为地主阶级的王阳明对问题的观察比一般官僚地主分子要来的深刻，提出"破山中贼易，破心中贼难"，认定只有扫除心腹之寇，才是"大丈夫不世之伟绩"。尽管如此，他在官场上是不得意的。在他35岁那年，南京科道戴铣等人因反对明武宗朱厚照宠任宦官刘瑾而被捕下狱。年轻气盛的王阳明也痛恨刘瑾的为人，便抗疏引救，措词十分激烈，因而也被捕入狱，廷杖四十，并被发落到龙场，一住便是三个年头。龙场处于贵阳西北，是彝族土司奢香夫人为打通川黔道路开设的九驿之一，这里荒凉冷僻，古木参天，毒虫瘴气，遍地都是。在这样艰难的环境中，他"日夜端居沉默，以求静一"。他在龙场附近的一个小山洞里"玩易"，在沉思中"穷天人之际，通古今之变"，心境由烦躁转一为安然，由悲哀转为喜悦。凭自己的理解去领悟孔孟之道，省度程朱理学，跳出了"以经解经"、"为经作注"的传统。《阳明年谱》有这样的记载，有一天的半夜，王阳明大悟格物致知的要义，梦中似有人对他说话，他"不觉呼跃，从者皆惊。始知圣人之道，吾性自足，向之求理于事物者误也"。于是就用默记的《五经》之言与之对照，结果处处吻合。《五经臆说》就是在这样的背景下写成的。这就是历史上相当有名的"龙场大悟"。

"龙场大悟"是阳明心学的起点，它奠定了王学的基石，成了中国哲学史的一大标记，天下的王学，包括日本的阳明学、朝鲜的实学以及东南亚、欧美的王学，寻根溯源，都以贵州为渊薮，以龙冈为始发地。王阳明一生中办过三个书院，最早的便是龙冈书院，在这里传习了第一批王学弟子，王阳明思想的传播，主要是通过书院，而贵州的龙冈书院则是王学传播的起点。

"心即理"、"知行合一"、"致良知"是阳明心学的主要内容。

一、心外无物，心外无理

心与物，心与理的关系问题，是王阳明精心研究的一个问题，"阳明格竹"就是一例。据说他21岁研读朱熹的书时，想到先儒说的任何事物都有表里、精粗，一草一木都会有理的话，看到官署里都是竹，就与朋友同格（研究、推理）其理。他的那位朋友从早到晚去了3天，竭尽心思去穷竹子的理，最终心神恍惚，劳神成疾。王阳明以为他朋友的精力不足，便自己去格，拿了竹子看个不停，"早夜不得其理，到七日，亦以劳思致疾"。然后感叹圣贤是不容易做的。王阳明格竹的失败是他推行心学的一种铺垫。

王守仁与陆九渊虽无师承关系，但在"心外无物，心外无理、心外无学"的学说上明显可以看到陆九渊的影响。陆九渊说："人皆存是心，人皆具是理，心即理也。"（《象山全集》卷十一）王守仁的一些基本概念如："心即理"、"发明本心"、"求诸心"都是从陆九渊那里借用过来的。王阳明的"心外无理"，是针对朱熹"即物穷理"的思想提出来的。他认为朱熹的这种提法是错误的，因为朱熹把"理"看做是可以独立于"心"而存在的东西，削弱了心的地位。王阳明对心外无理的阐述是抓住"心即理"这个问题展开的，首先心自满自足，包含万理，"心""理"不可分，理在"心"中，理是心之理，可以这样说："有孝亲之心，即有孝之理，无孝亲之心则无孝之理，有忠君之心，即有忠之理，无忠君之心，即无忠之理。"（《张子录中，答顾东桥书》）另一方面，那万事万物之理，不是客观事物自身固有的，是心安置上去的，心体现在物上就是理。王守仁的心即理，也是为了批判那些"外面做得好看，私欲横流内心发黑"的社会弊端，要求大家在"心上做功夫",避免心理不一。只有心正,剔除私欲,遇事遇物都会站在理上。

王阳仁的心外无物,表明他对心物关系的看法,与心即理的表述不同,他不讲心即物,这个差别表明王守仁想把物质的东西与精神的东西区分开来,以显示心的清洁无瑕,清和平正。有一段记载,形象地说明了王守仁的心外无物。有一次,王守仁与他的一个朋友同去游览,途中那朋友拨着一棵花树问,天下无心外之物,那么花树在山中自开自落,于我的心有什么关系?王阳明的回答是,你没看花时,花与你的心都同归于寂,你来看花时,则花的颜色就艳起来,由此可见,花不在你的心外。这就把花的存在等同于人的感觉。人的心主宰着事物的变化,不能把"心外无物"理解为在心之外什么也没有,这过于简单,实际的内涵是心物不相离。

二、良知为天下之本

王阳明晚年把他的学说归结为"致良知",他说:"致良知是学问大头脑,是圣人教人第一义。"王守仁的良知相当于"心"或"无理"。在他看来,良知作为一个无形象、无地域、超时空的绝对,首先是天地万物鬼神人类的创造者,是造化的精灵,天道人道都复归于良知;其次是天赋的理性,是对天理的觉察,是一种排除受个人局限的认识;再次是能判别行为是非,选择善恶的"是非之心",相当于我们现在说的伦理学上的"良心"。根据王守仁的概括:"自圣人以至于愚人,自一人之心,以达于四海之际,自千古之前,以至于万代之后,无有不同是良知也者,是所谓天下之大本也。"(《书朱守乾卷》)

有一个故事,讲王守仁的门人晚上抓住了一个贼,他苦口婆心地跟他讲"良知"的道理,那个贼大笑而不以为然,用半是戏弄、半是无知的口气问,"请问,我的良知在哪里?"门人灵机一动,让他把衣服脱掉,贼只脱了上衣,门人让他把裤子脱掉,贼迟疑不动说:

"这好像不太好吧。"门人大喝一声"这就是你的良知!"这里的良知直接意义还只是类似于孟子"是非之心"的主体道德的活动。"不待虑而知,不待学而能",良知是人生来就有的,如同见到父亲自然会行孝,见人落井自然恻隐一样。

由于良知无所不包,所以"良知之外别无知",他不赞成朱熹"即物穷理"的办法,认为这个办法不仅支离烦琐,而且有危险性。以孝敬老人为例,如果先有老人再有孝敬,那么老人死了还要不要孝敬?他认为,正确的办法是从内心致良知。因为内在的良知可以扩充为具体事物的理,良知不停留于见闻阶段,也不能混同于见闻,良知可以择见闻,但不因见闻而存在。所以有人问王守仁"除却良知,还有什么说得?"王守仁回答说:"除却良知,还有什么说得!"他的结

王阳明格竹

论是:"良知之外更无知,致知之外更无学。","良知之外,别无知也"。

这样一来,存在于自身内的良知就成了绝对真理,成了判断是非善恶的标准。它具有一种至高无上性,即使与孔子的观点不合,与朱熹的话不合,也都不足以为据,一切听从"良知"的指令,一切以良知是非为基准。"求诸其心一念之良知,权轻重之宜"(《传习录中·答顾车桥书》)。良知是你的明师,是定天下方园的规矩,量天下长短的尺度。致良知,重点在致,致是到达的意思。王守仁自称"致良知"是从"千死百难中得来",所以他把良知看得很重。获得良知的办法,王守仁称之为功夫,心明的功夫有两种:"静处体悟"和"事上磨炼"。前者即"静坐澄心"是王守仁早年在贵阳时提创

的,虽然王守仁表白静处体悟与禅宗的面壁静坐不同,但人们实在难以看到二者的区别,还是要人自我省,去除杂念,直入内心。所以到了晚年,他就强调"事上磨炼",看到静坐容易使人喜静厌动,形神枯槁,经不得风波,最后变成痴呆这一状况,于是就强调必须通过人所接触的日常事务或从事的各种活动,去体认良知。离开了事物去学,最终结果是空,它只在语言上转圈,只会使人更加糊涂。当然,王守仁所谓的磨炼,主要是一种道德实践,致良知在根本上还是为他的道德理想、他所设定

的道德目标服务的。后人所称的"王门四句诀"即"无善无恶是心之体，有善有恶是意之动，知善知恶是良知，为善为恶是格物"（《习录下》）。其含义是，人心就其本性来说，是完美自足的，没有善恶的对立与区别，善恶的产生是人心意念活动的结果；良知能够分辩善恶，格物致知是为善去恶的功夫。

三、知行合一

在谈到如何获得致良知的功夫时，实际上已经牵涉到知行合一的问题。知行合一的提法是王守阳首次提出来的，尽管这是中国哲学史上的一个古老问题。

王阳明批评当时包括陆九渊在内的许多理学家知先行后的观点，说他们分离知与行，只在做"知"的功夫，实际上是"终身不行"，也就"终身不知"。他认为，知行看起来是两个字，可以从两个方面来认识，但实际上指的是一个功夫。认识到二者不可分，才算是真正懂得了知行的关系。人们所以把知行看作是两种功夫，这是因为后人片面地把知与行独立起来，单独用功所造成的。实际上，有知就有行，有行就有知，两者互为表里，"知是行的主意，行是知的功夫；知是行之始，行是知之成"。说得简便些就是"只说一个知，已自有行在"。王守仁举例说，一个人想出门，那是知，但那就是行的开始，人总是先有欲食之心，然后进食，欲食之心是意，那就是行的开始。（《传习录中·答顾车桥书》）王阳明还强调，知行的关系是一种必然的关系。以水往低处流这一自然现象为例，人心具有知，知具有行，就像水往低处走一样是普遍存在的，人如果有了决断，必然会行动，这就是知行合一。那句名言"一念发动处即便是行了"，比较典型地反映了王守仁的知行观，中国"文化大革命"期间所说的"灵魂深处闹革命"、"狠斗私字一闪念"，可以说与其一脉相承。

王阳明比较不容易的是也强调行而后知，他要求人身体力行，在行中增加知识。学习射箭，必须"张弓挟矢，引满中的"；练字，必须铺纸运笔，操觚染翰；学孝，必须"务劳奉养，躬行孝道"，这比起只在岸上学习游泳的德国古典哲学家来说，显然很难得。

王守仁的心学可以作为宋明理学逻辑发展的终点，以后随着王学的分化，新的哲学启蒙将应运而生。

思考题

1. 分析陆九渊与朱熹理论的差异。
2. 王阳明知行合一理论述评。
3. 叙述王阳明的心物观。